2010年6の月、5000万人が夜逃げする

水澤潤

講談社

2010年6の月、500万人が夜逃げする

◎まえがき

ボーナスが出るまでの何週間か、お財布のピンチを切り抜けるためにクレジットカードでキャッシングをした経験はありませんか？

イザとなってもカードがあるから大丈夫。そう思っていた人は、今年６月、いきなり絶望に直面するかも知れません。平成18年に段階的にスタートした貸金業法が、いよいよ今年６月に完全施行されるからなのです。

え？　私はきちんと返済してるから大丈夫？　滞納だって一回もしたことがないから関係ないって？

とんでもない。そんな人にも、とっても影響が大きいのですよ。

私たちにとって、貸金業法の目玉は３点あります。

一つ目は、クレジットやローン会社からの融資の利率が年18％以下※に下がるという点です。借りる金額によっては15〜20％と幅がありますが、いずれにしても、これまでの上限金利の年29・２％から、大幅に引き下げられるのです。

利率を下げてくれる。ありがたい話ですよね。

お金を借りる側にとって、金利なんて、安い方がいいに決まっています。ただし忘れて

※借入額10万円以上100万円未満の場合。
10万円未満は年利20％、100万円以上は年利15％が上限となります。

はいけないことですが、上限金利が安くなるということは、それだけ審査がずっと厳しくなるということなんです。

二つ目は、収入証明書と運転免許証などのコピーを、自分が取引しているクレジットやローン会社すべてに提出しなくてはならないという点です。もしも提出しなければ、融資の上限枠をゼロにされても文句を言えません。

そして最後が総量規制と言われているものです。クレジットやローン会社からの借入額を全部合計して、年収の3分の1以下に抑えなければならなくなったのです。

すでに借入額が年収の3分の1を超えている人は、少なくとも500万人はいると言われていますが、こういう人は、今年6月以降には、もはや一円も借りることができません。

上限枠を業者が引き下げたり凍結しても、利用者には通知されません。業者には「通知する義務」がないからです。だからある日、どうしてもお金が必要になってATMにカードを差し込んだ時になって、どのカードもどのカードも利用可能枠がゼロになっていることを発見し、絶望に駆られるかも知れないのです。

ATMがカードを飲み込んで戻って来ないケースすら考えられます。ATMには、カードを回収する機能が備わっているからです。

いったい誰に相談すれば良いのでしょうか。

ネットで調べると、ちょっといかがわしそうなページが検索されます。どれが正しく、どれが下心満載なのかもわかりません。そんな時、いったいどうすればよいのでしょう。この本で、しっかりまとめて解決しています。

そもそも多重債務問題とは何なのでしょうか。

これまで誰一人、理論化も果たせず、てんでんバラバラ思いつきの意見ばかりが噴出していた多重債務問題を、初めてきちんと理論化し、解決への道筋を構造化したこの本は、おそらく誰にとっても目からウロコではないかと思います。

消費者を保護するという法律の動機。この動機そのものは非常に正しかったと言えるでしょう。しかしスタート地点が正しいからといって、目を閉じ、耳をふさいだままで歩いたら、正しいゴールにたどり着ける保証はありません。

貸金業法という法律を作るプロセスが、合理性にも論理性にも目をつぶり、歪んで行った過程についても、じっくりと検証してみたいと思います。

そもそも貸金業法の正体とは何なのでしょう。私たちにはどんな対策が残されているのでしょう。

これからタップリと研究してみることにしませんか。

目次◎２０１０年６の月、５００万人が夜逃げする

第四章　ヤミ金と自殺

第五章　踏みにじられる国会決議

第六章　借金の先に「明日」が見える

第一章

「おカネを貸してもらえない」という悲劇

専業主婦の皆さん、もうおカネは借りられません

最近、貸金業者やクレジットカード会社から「収入証明書を送れ」という手紙が届いた人も多いと思います。しかし各種の調査を見る限り、大部分の人はこれを無視しているようです。

たとえば専業主婦には収入がありません。仮に収入があったとしても、パート程度の収入では、わざわざ収入証明書なんて送り返す気にもなりませんよね。

そんな専業主婦の大多数が、おそらくクレジットカードをＡＴＭに差し込むと、キャッシング枠がいきなりゼロになっていたりして仰天することだろうと思います。

「返済日に遅れたことなんて一度もないのに」とつぶやく専業主婦の皆さん。ほんとうに残念ですが、貸金業者もクレジット会社も、もはやどこもお金を貸してくれません。

とりあえずお金が必要でないなら、「さあ直ちに耳を揃えて返済しろ」とまでは言って来ないので、その点だけは大丈夫です。

しかし、家族のための食費が足りないから、給料日まで1万円を借りてやり繰りするというようなことも、今後はもうできないのです。

いったい、どうしてこんな事態になってしまったのでしょうか。

業者に聞けば、今年6月18日に貸金業法が完全施行されるからだとか、総量規制が決まったせいで、などと答えるでしょう。

総量規制というのは、「お客さんが貸金業者から借りている借金の総額」が年収の3分の1以下でなければダメだ、という規制です。

貸金業者から見て、自社が50万円以上貸している客、あるいは全業者を合計して100万円を超える借金を抱えている客については、必ず収入証明書を送らせて客の返済能力を調査しろと、6月施行の貸金業法が命じているからなんですね。

なかには「だったら私は全部合わせても50万円しか借りてないから大丈夫」と思って安心した人もいるでしょう。ところがここにも落とし穴が待っています。

たとえばA社とリボ払い上限80万円のキャッシングの契約を結んでいて、でもA社からは一銭も借りていないと仮定します。ほかにB社から50万円を借りているというケースです。

この場合、A社から見ると、自社の貸付上限枠80万円と、自社以外からの現実の借金50万円を合算して、このお客さんには130万円の借金の「可能性」がある、ということになります。すなわち借金の可能性が100万円を超えているので、A社は収入証明書を客から取り寄せて調査しなくてはいけないのです。

顧客一人一人について、この客からは収入証明書を徴収する、あの客からは徴収しなくてもいいなんてことをいちいち検討するなんて、貸金業者には面倒です。そこでとりあえず、お客さんからはウムを言わせず一律に収入証明書を事前に取っておこうとする業者も現れています。

ここでもし客が収入証明書を送って来なければ、
① 貸付を禁止する。
② 貸付の上限枠を削って、合計が１００万円以下になるようにする。
の、いずれかの対応を取らなければなりません。

もちろん業者によっては、ぜんぜんこの上限に達していなくても、客から収入証明書が送られて来ないことを口実にして、一気に契約を打ち切ってきたり、客の借入可能枠を凍結したり削ってきたりすることもありえます。

よく聞くケースとして、上限枠がいきなり９万円に減らされていた、という話があります。

この９万円という数字には深い意味があるのです。

というのも、借入残高が10万円以上の客については、少なくとも３ヵ月ごとに信用情報を確認しなければならないことになっているからなんです。また金利についても、残高10万円未満の客だけには年利20％までが許されます。

貸金業者としても、照会するたびに無視できないコストが掛かるわけですから、バカにできません。そこでこの際だから、借入枠を10万円未満に削ってしまえという行動に出るのでしょう。

ところで、業者が勝手に借入枠を切ってきても、借りている側は抵抗することもできません。

金融庁でも言っていますが、こういう借金の問題は、最終的に「貸す貸さないは貸す側が勝手に決めること」なのですから。

驚くべきことに、業者が上限枠を凍結したり削ったりしても、客に対してそのことを知らせる義務はないと金融庁は言うのです。つまり「お金を借りられない!!」と気づくのは、お金が必要になってATMにカードを差し込んだ瞬間なのです。

それでも、ふだん、ほとんど借りていない人にとってなら、オッケーなのかも知れません。

ある程度借りている人にこそ、大きな影響が出て来ます。

すでに年収の3分の1以上借りてしまっている人。収入証明書を送ったほうがいいのか送らないほうがいいのか、ほんとうに悩ましいところではないでしょうか。

一つ確実に言えること。借入残高が年収の3分の1以上の人は、収入証明書を送った瞬間に、それ以上の借金がいっさいできなくなります。一方、送らなくても、やがて借金可能枠は凍結されてしまうことでしょう。こう考えると、送っても送らなくても結局のところは同じことなのかも知れません。

たとえこれまで延滞もなくキチンと返済し続けてきた人でも、返済の履歴に傷がない、などという点はまったく評価されずに、借入残高が年収の3分の1を超えているかどうかによって機械的に借金の枠が凍結されてしまうのです。とても理不尽な気がしますよね。

とりわけ今回の貸金業法には、「専業主婦にはいっさい金など貸すべきではない」という思想が濃厚に盛り込まれているのです。

このような法律になった最大の要因として、金融庁や日弁連や裁判所を牛耳っている男たちが「主婦には金など持たせるな」と偏見を抱いている可能性を指摘できます。

「多くの主婦には、80万円前後のパート収入があり、これを基準にしても、20万円から30万円の貸付が受けられるのであるから、これを超えて貸付の必要性も乏しい」

こういう意見を平然と言っちゃう人がいるんですね。

この意見を翻訳すると、パートをしない主婦の価値はゼロ円だということになります。

子供を育て、家族を介護し、家計を切り盛りする専業主婦には金銭的な価値などないのだという主張。

いったいどこの女性差別主義者がこんなことを言ったのだと思いますか？

実はこれ、日本弁護士連合会による公式の意見なんですよ。

この意見書を見た時には、こいつら明治時代の男尊主義者かよ、とブッたまげました。意見書そのものは今でもネット上で公開されていますので※（でもこの本が出版されれば、こっそり撤回されるかも知れませんが）どなたでも原本を確認してもらえると思います。

もちろんどんな意見を表明しようとも、言論の自由が認められているのがこの日本という国ですから、それはそれで良しとしましょう。

次に、金融庁で貸金業法の改正作業の事務方トップを務めたのは、いったいどういう人間なのかを見てみましょう。

「専業主婦は基本的に収入がない。問題は夫に黙ってパチンコやホストにはまってしまうなどの行為。いずれにしても配偶者の同意があれば配偶者とセットで年収額の3分の1として判断するのが合理的だろう」と言うのが、金融庁の大森泰人参事官（当時）でした（平成19年7月1日「日本金融新聞」）。

この人こそが、金融庁で「貸金業制度等に関する懇談会」の事務局を務めた人間なので

※「『貸金業の規制等に関する法律等の一部を改正する法律』に関する政令（案）、内閣府令（案）に対する意見」2007年8月3日、日本弁護士連合会

す。

世の中の主婦というのはパチンコ狂、ホスト狂なのだと記者の面前で平気で公言し、だからダンナとセット扱いするしかない、半人前の存在なのだと語る人間が、政府の高官をしていたのですね。この人の頭の中では、世の中の専業主婦なんて、しょせん亭主のオマケ扱いなのでしょう。

少なくともこのような見解の持ち主が事務局を務めた金融庁の懇談会は、破滅的な過ちを犯してしまったのでした。

貸金業法を作る時、そこには重要な４種類の利害関係者が存在しています。

貸金業者側と、健全な利用者と、被害を訴える利用者と、その支援者（クレサラ弁護士も含む）です。

このうち懇談会では、貸金業者の声は何度も聴取されていました。

被害を訴える利用者も、その支援者や弁護士も、しばしば声高に意見を訴えていました。訴えるだけではきかず、クレサラ弁護士の宇都宮健児氏（現・日弁連会長）など、何度も意見書を提出し、最後の方ではオブザーバーとして会議に出席するに至っています。

ところが、もう一つの重要な利害関係者だけが完全に議論から排除されてしまっていたのです。貸金業者のお客のうち、キチンと利用しキチンと返済している「健全な利用者

「貸金業制度等に関する懇談会」は誰から意見を聴取したか。

お金を借りる人の利害に関係する金融庁の懇談会だというのに、しかも借り手のうち圧倒的多数は、「正常に借り、何事もなく返済する客」なのに、懇談会では健全な利用者を、ただの一人もヒアリングに呼ばなかったのだ。「まともな借り主」も重要な利害関係者のはずなのだが。懇談会の議論が、債務者イコール被害者という考え方に染められたのは、陳述人の人選に大きな原因があったのではないか。

懇談会開催回	第1回	第2回	第3回	第4回	第5回	第6回	第7回	第8回	第9回	第10回	第11回	第12回	第13回	第14回	第15回	第16回	第17回	第18回	第19回	合計
貸金業者側			3		3		1			2	3				2					14
健全債務者																				0
（被害）債務者				3		2														5
弁護士等		4				1	2			1								1		9
被害支援者				2		1												1		4
有識者							2	2												4
自治体から						4														4
その他								1										1		2

※ 出席陳述者のうち、上司と補佐の関係の者は１名にカウントした。

（貸金業制度等に関する懇談会の各回議事要旨から筆者カウント）

（健全債務者）」です。

彼らの人数は１０００万人を軽く超えていて、貸金業によって被害を受けたと主張する人たちよりも圧倒的に多いのですが、この健全債務者だけには、ついに一度も意見を陳述する機会が与えられなかったのです。

考えてみてください。

貸金業者が健全債務者の意見を代弁できるはずがないことは言うまでもないでしょう。借りる側と貸す側。利害が百八十度対立する存在だからです。

また「自分は被害を受けた」と声高に訴えている利用者も、健全債務者の意見を代弁することなど、できるはずもありません。

もちろんクレサラ弁護士だって、健全債務者を代弁することはできません。

こうして、健全債務者という、もっとも人数が多い利害関係者を、議論の場から完全にシャットアウトし、存在すらも無視した状態で懇談会の議事は最初から最後まで進行してしまったのです。そしてその進行を取り仕切ったのが、誰あろう「主婦＝オマケ」史観の持ち主である金融庁の大森参事官だったのです。

利用者をまったく無視し、健全債務者の現実のニーズの代わりに、当て推量と空理空論によって議論を進めてしまったのですから、今回の貸金業法みたいな歪んだシロモノが出来あがってしまったのも、ある意味で当然なのかも知れません。

彼らが作った法律の中で、専業主婦に対する貸付がどのように扱われることに決められたのかを詳しく見てみることにしましょう。

専業主婦といえども、貸金業者に対して自分自身の収入証明書を送った上で、自分の借金を全部合計して、年収の３分の１に届いていなければ、まだ借りることも可能です。また大森参事官の言うように、専業主婦がダンナに同意書を書いてもらい、収入証明書と結婚証明書といっしょに送った場合には、ダンナの年収と合算して、その３分の１までなら、お金を貸してもかまわないよというのが貸金業法の規定です。

しかしここで考えて欲しいのですが、そうそう簡単にダンナに収入証明書とか同意書を出して貰うことができるものでしょうか。

逆に男性の読者の方にもおたずねしますが、女房からいきなり「借金があるんだけど同意書を書いて。収入証明書をちょうだい」などと言われれば、夫婦ゲンカにならないほうがおかしいですよね。

日本中で深刻な家庭不和が発生することでしょう。

貸金業者としても、たしかに法律には書いてあるけど、自分たちの手でこんなトラブルの引き金を引いてまで、わずかなお金を貸し付けたいとは思わなかったようです。実際に、専業主婦への貸付なんか、消費者金融も、信販会社も、少なくとも大手はどこもいっさい考えたくないと言っています。こんな法律の下では、トラブルに巻き込まれることが目に見えていますからね。

筆者が取材した範囲では、「ダンナの同意書の用紙」を準備している業者は一社も見当たりませんでした。数社に聞いてみましたが、用紙を作る予定すら、ないと答えています。仮に手書きの同意書やダンナの収入証明書みたいなものが送られてきても、取り扱いに困るだけなので、ただちに送り返すと口を揃えて答えています。

写真は信販大手ジャックスの収入証明書徴求用紙です。ここにも明確に「配偶者の方の書類は受付いたしかねます」と記されているでしょう。

配偶者貸付の受付はできないと宣言する業者

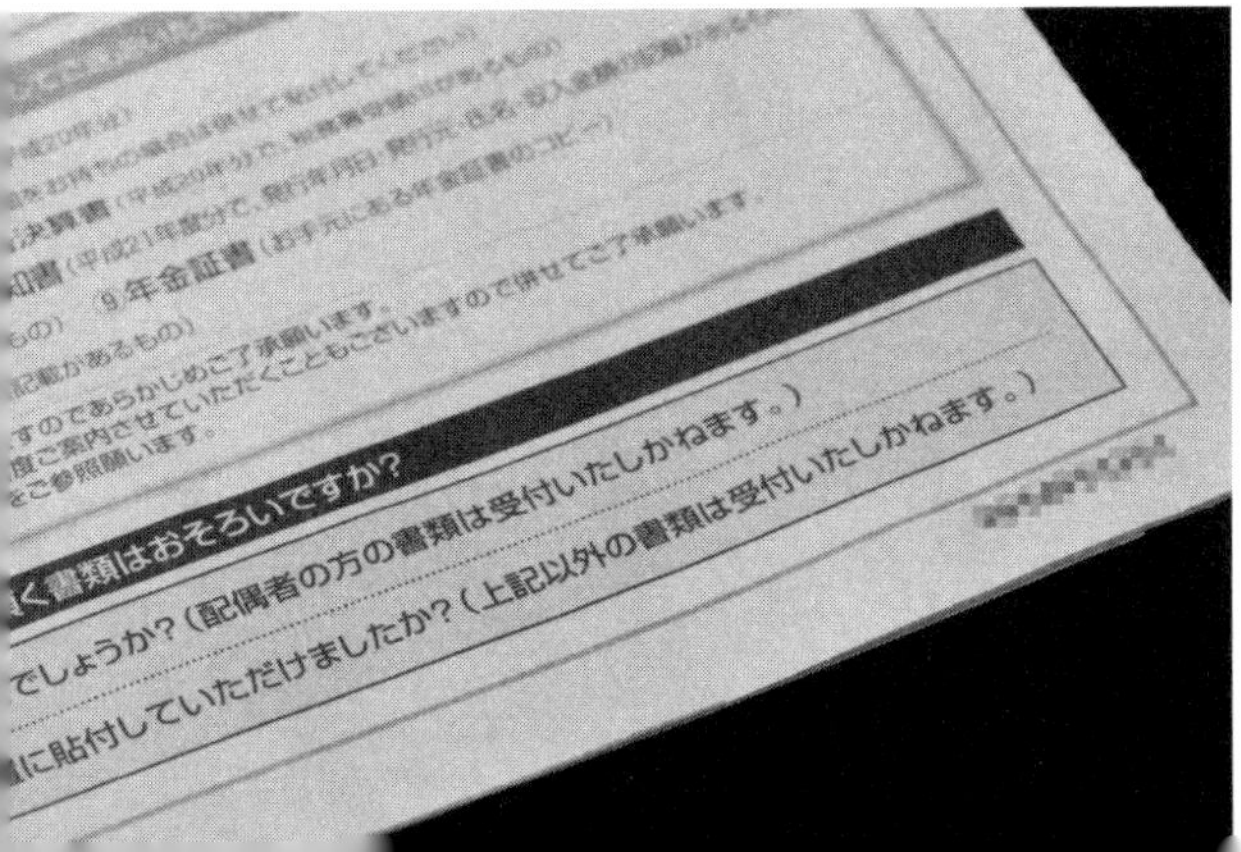

法律には、たしかに「ダンナに同意書を書いてもらえばダンナの年収と主婦の年収を合算した金額の3分の1までは貸しても良い」と書かれているけど、それは現実には「絵に描いたモチ」なのです。

「モチを用意しました。お腹が空いても安心ですね」と、金融庁の役人が言い訳するためだけに、決して食べることのできないモチが用意されていたのです。この事実を知った時、専業主婦の皆さんの絶望はいかばかりだろうかと思わざるを得ないのです。

貸金業者にも、誰彼なく貸すべき義務はありません。貸すことによってトラブルになることが予想される場合とか、貸すと自分たちが損する可能性が高い場合には、誰がなんと言っても貸さないでしょう。業者だって商売なのだから当然ですよね。

筆者が個別に見てきた中には、ダンナが年収1000万円を超えていて、まったく収入がない専業主婦の奥さんが百数十万円のキャッシングをしているという例がありました。ダンナが貯金も含めてお金をすべて管理しているので、家計をやり繰りするために、奥さんはどうしてもキャッシングに頼ってしまうというのです。

たしかに健全ではないかも知れないけど、この家族は決して経済的に破綻する可能性がある状況ではありません。しかし6月になれば、このような奥さん方は、全員、強制的に破滅に直面させられてしまうのです。

筆者が宇都宮弁護士に話を聞いたところ、夫婦というのはお金の貸し借り関係をいつでもお互いに話し合うべき存在であり、黙っていること自体がおかしいのだ、と主張していました。

日本中のありとあらゆる家族の生き方を、宇都宮個人が正しいと考える家族の形へとムリヤリ矯正することが正義である、と、宇都宮氏は考えているようなのです。

もちろん多重債務に陥った人を救う局面では、夫婦ですべての秘密を告白しあって助け合うという方法は、非常に有効な一つの手段です。ところで重要な点ですが、クレサラ弁護士たちの目の前には、「多重債務者ではない健全な債務者」がやって来ることは決してありません。このため宇都宮氏が、すべての人間に対して同じ処方箋を使えばよいのだと思い込むのも、ある意味ではやむを得ないのかも知れません。

しかし、多重債務でもなんでもない健全な人間に対してまで規制して、その生活をムリヤリ混迷に突き落とすことの意味とは、いったいなんなのでしょう。そこまでの権限を金融庁や弁護士会は、いったい誰から与えられたというのでしょうか。

健全な利用者にまで一律に総量規制を適用することが正義だと思い込んでいる視野狭窄な人たち。その人たちが、健全債務者のニーズをまったく見もしないで法律を勝手に作ってしまったことが、日本の社会秩序を根底から引っくり返すほどの大問題を引き起こそうとしているのです。

ここでちょっと整理しておきましょう。

住宅ローンや自動車ローンでお金を借りていても、今回の貸金業法では「借金の額」から除外され、影響はありません。

銀行から直接キャッシング契約を結んで借りている人も、その借金は除外です。

クレジットカードで物を買った場合、1回払いなら、もちろん影響ありませんし、分割払いやリボ払いなどで利子（正式には手数料）を払っていても、やはり影響ありません。

影響があるのは、消費者金融とか、クレジットカードのキャッシングなど、銀行以外の貸金業者から借りるお金のことなんです。ところが、クレジットカードのキャッシングでも、銀行が直接発行しているクレジットカードであれば適用除外になるのです。

すごくヘンですよね。相手が誰であれ借金は借金のはずです。多重債務の被害を防ぐのが目的だ、と金融庁などは口では言っているけど、どうも様子がおかしいのです。貸金業者からの借金だけを規制して、いったい多重債務の被害が防げるというのでしょうか。

健全に貸金業者を利用していたはずの少なくとも500万人の人たちが、ある日突然「もう貸出枠はありません」とATMに表示され、夜逃げするか、首をくくるか、とにかく途方に暮れてしまう、そんな恐怖のデッドラインが今年6月18日に迫っているのです。

サラリーマンも自営業者の方も、「アウト」です

今現在、貸金業者からお金を借りている人たちから、はじめてお金を借りた時の理由を聞いてみました。すると、わずか30人ほどなのに、次々に驚くような話が聞けたのです。

東京都千代田区に住む45歳の専業主婦は、こう答えました。

「思い出した！　子供が英会話の○○に行きたいと言ったからだ。１クール30万円で、分割で払うと高くなるから一括して払ったんだった。予期しない出費だったけど、私が生活費を節約すれば払えるかなと思ったんです」

東京都中野区に住む28歳の派遣（内勤営業職）の男性の答えも、意外なものでした。

「僕は家の運がないいんです。引っ越ししてみると、下の階の住人がヤクザだったりして、そんなことが続けざまに起きて、３回も引っ越しすることになってしまって。最初は親に引っ越し代を借りたんだけど、社会に出た以上、親に頼れるのは１回だけだという気持ちもあって……」

東京都日野市の57歳の歩合制営業職の男性は言います。

「実家の庭の木を伐《き》らなければいけなくて、植木屋に見積もりをしてもらったら10万円だと言うので依頼したら、地元の自治体の条例で、伐った木は細かく裁断しなくてはいけなくて、その手間賃が十数万円も掛かってしまったんです。それで急遽《きゅうきょ》、借りることにしたんです」

仕事のために借りる必要があったという人は何人もいました。東京都小平市に住む51歳の電子回路設計業の男性は言います。

「独立する前に勤めていた会社で、お客様にデモンストレーションするためにノートＰＣがどうしても必要だったんだけど、会社はお金を出してくれなくて、それで最初は10万円を借りたんです」

千葉県在住の28歳の保育士の女性は言います。

「新卒で入った保育園が、人間関係が限界でした。同期とか近い先輩がいなくて愚痴も言えなくて。先輩はみんな30代、40代、50代で、結婚しているのは一人だけであとは全部独身で、一回嫌われるとトコトン嫌う感じで、連絡事項とかも回ってこなくて、挨拶も無視されて。ちょっと病んでしまって、仕事を辞めてリフレッシュするために海外に行ったんです。３ヵ月ぐらいは海外にいた。ストレスは解消できた。ぜんぜん違います」

東京都墨田区に住む39歳の自営業の男性（電気工事の監理請負）は言います。

「18歳の時に英語教室のローンで60万円を組んだのが最初。英語をしゃべれるとカッコいいかなと思ったから。それから20歳の時にリゾートクラブの会員になって80万円ほどでローンを組みました。だけどリゾートは一度も使わず、権利も売れもしなかった。英会話も、教室には2回行き、ビデオテープが10巻あるけど、そのままにしているうちに、その会社は消えてしまい、それっきりです」

もちろん同じ状況に直面しても、今、この本を読んでいる人は、違った選択をするのかも知れません。自分がこの人たちの立場になっても、わざわざ借りてまでは使わないだろうなというケースもあるかも知れません。

ただ、多様な人がいるからこそ世の中が成り立っているのだということを忘れてはならないのだと改めて感じます。世の中の全員が法律家だ……なんて社会は、想像すら、したくないでしょう?

お金を借りる必要がない人に限って「金利の高い貸金業者から借りる必要はない。自分の貯金でなんとかしろ」と言うのですが、いまや4世帯に1世帯が預貯金ゼロの時代です。

お金を借りたことがない恵まれた人生を歩んできた人には、お金を借りる人の事情なんて、決して想像できないのでしょう。

そもそも今回の法律は、「貸金業者は消費者相手に貸すものだ」ということを、ほとん

意外かも知れないが、貸金業者の融資残高は、事業者向け融資が過半なのだ。

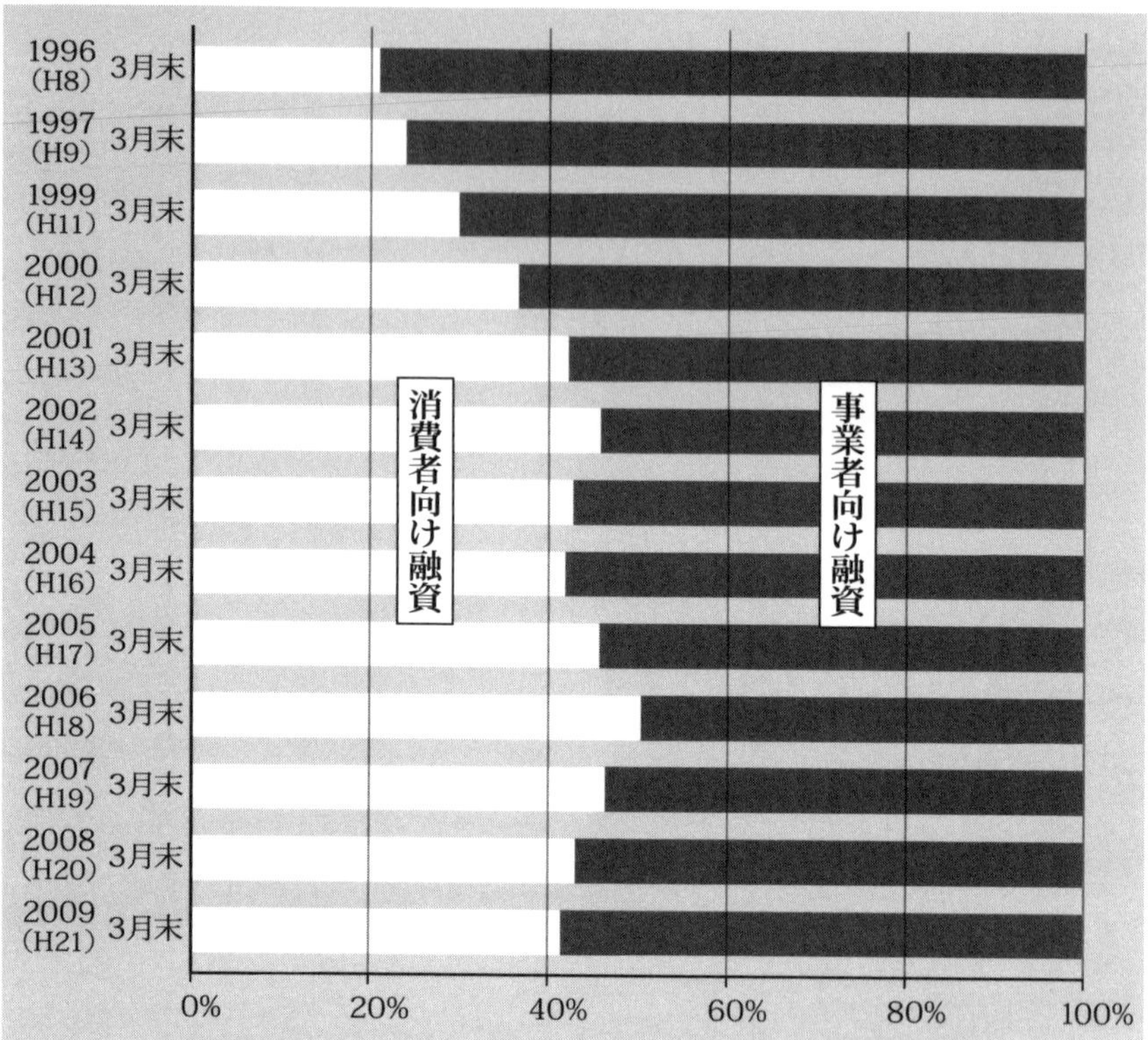

金融庁資料から筆者計算。なお平成10年3月末の原データは欠落

ど大前提でもあるかのようにして議論が進められていました。消費者を泣かすのが貸金業者だというステレオタイプで塗りつぶされていました。

零細企業や個人事業者が資金繰りのために貸金業者を利用しているという事実については、ほとんど議論らしい議論もされた形跡がありません。消費者向けの貸付についてのルールと利率を、検討もしないでそっくり零細事業者にも適用しようというのが貸金業法の仕組みなのです。

ところがグラフを見ても明らかなように、実は貸金業者の融資残高は、消費者向けの残高よりも、事業者向けの残高の方がつねに多かったのです。

都内で造園業の会社を営む三浦秀之さんが言います。

「十数年前までは、僕らにも信用金庫がお金を貸してくれたものですけどね。昔は信用金庫からまとまったお金を借りてダンプカーを買ったこともありました。しかし、延滞したことだって一度もなかったのに、ある時いきなり信用金庫から『貸せなくなった』と言われて、それっきりです」

三浦さんの会社は、官庁や企業などのビルが竣工する時に、造園や垣根などの外構を一括して引き受け、設計・施工する仕事をしています。

仕事の依頼は、突発的にしか入って来ません。しかしそういう突発的な依頼にきちんと応えられれば、場合によっては数千万円単位の売上になるのです。そんな時に、三浦さんは貸金業者を活用してきたのでした。

三浦さんは言います。

「造園業は、外構工事を一括で引き受けられないと儲けにならないんですよ」

仕事が決まると、わずか数日で必要な資材をすべて用意し、職人たちを手配し、工事に取りかからなければなりません。

しかも造園業は基本的に現金仕入れが原則です。植木も庭石も資材も、あらかじめすべてを現金で準備する必要があるのです。現場に古い施設がある場合、これを取り壊し、産業廃棄物として処理するためにも、やはり現金が必要です。

ところが施主からの支払いは後払いです。施主はビルを新築できるほどに儲かっている企業や官公庁ですから、工事が完成してから1~2ヵ月も待てば入金することは確実なのですが。

つまり、つなぎ資金が絶対に必要になるのです。

「長い付き合いがある貸金業者、いわゆるマチ金がありましてね、声を掛ければその日のうちに1000万円ぐらいは貸してくれたんです。当時の法定利率は年40%でしたけど、1ヵ月もすれば返済できるので、1000万円借りても利子は40万円程度で済む。この程度の利子を払うだけで、売上高2000万円規模の仕事でも逃がさずに済むのですから、とても助かっていたんです」

さて、自分で事業を行ったことがない人の中には、この理屈が、どうしても理解できないという人もいるようです。

年利数%の長期融資を事前に借りておけば、わざわざ貸金業者に高い金利を払わなくて

「機会費用」も利子の一部だから、金融業に存在価値があるのです。

もいいじゃないか、と考えるらしいのですね。

でも違うんです。

仮に年利4%で1000万円借り続けたら、利子は1年間で40万円です。ところが仕事の依頼があった時だけ、年利40%で1000万円を30日間、借りたとすると、利子は33万円で済むのです。

必要になった時に、必要なだけ、金融業者から短期間で借りて、売上が入金されると同時に返したほうが、むしろ割安なケースがあるのです。

一方、低利で長期のお金を借りようと思うと、金融機関に提出するために、書類の準備などで、何日間も時間と手間とが掛かるでしょう。

この手間と時間のことを、経済学では「機会費用」と言います。

考えてみてください。この手間と時間を本業に注ぎ込めば、数十万円の売上を獲得できるはずですよね。つまり本業以外のことをせざるを得なかったため、数十万円という機会費用を獲得できなかったのですから、明らかに事業者にとっては、機会費用も融資にともなう利子の一部なのです。

従って、機会費用まで計算に入れると、金融機関からの低利融資は、必ずしも低利とは言えなくなるのです。逆に貸金業者の「高金利だけど即断即決の融資」だと、機会費用が不要ですから、金利が高いことに対しても、十分に経済合理性が存在していたのです。

余談になりますが、筆者が宇都宮健児弁護士にインタビューした時、宇都宮氏は「貧困者に対する緊急小口資金貸付制度の限度額を、私が10万円に引き上げさせたんです」と胸を張って答えたものです。

この小口福祉資金を借りるために、何ヵ所の窓口を回る必要があり、どれだけの書類を用意する必要があり、どれほど頭を下げる必要があるのかご存じでしょうか。

役所が開いている平日の昼間に大の大人が半日掛かりの仕事になります。勤め人なら確実に一日、会社を休む必要があるはずです。しかもこれだけの機会費用を費やしても、ほんとうに10万円を借りられるかどうかすら、その場ではわからないのです。

この機会費用は明らかに利子の一部ですから、わずか10万円を借りるための利率に換算すると、実はヤミ金に匹敵するほどの高い利率になるのです。

だけど宇都宮氏に代表される法律家たちには、きっと絶対に経済学などイロハのイすらも理解できないのだろうなぁ、と、筆者は話を聞きながら暗澹《あんたん》たる思いに駆られたのでした。

三浦さんの会社の資金需要のケースはやや極端かも知れませんが、そもそも事業というものは、大なり小なり、「いつ仕事を獲得できるかわからないが、それに合わせて機動的に対応すること」を求められるものです。

いつ入ってくるかわからない仕事のために、事前につなぎ資金を用意しておくことは、論理的にも不可能です。

三浦さんが懇意にしていた東京都渋谷区のマチ金は、従業員がわずか2人だけの業者でした。三浦さんの人柄も仕事の内容も知り尽くし、支払い期日にも融通が利くなど、かゆいところに手が届くような、まさに零細な貸金業者の典型だったのです。

しかし平成18年に貸金業法が部分施行されることになりました。

上限金利を15%以下にせよ、最低5000万円の資本金を用意せよ、信用情報機関とオンライン接続せよなどと言われては、このようなマチ金には、廃業する以外に選択肢はありません。

なじみのマチ金が廃業し、途方にくれた三浦さんは、新たな貸金業者を探そうと努力し

激減している貸金業者数

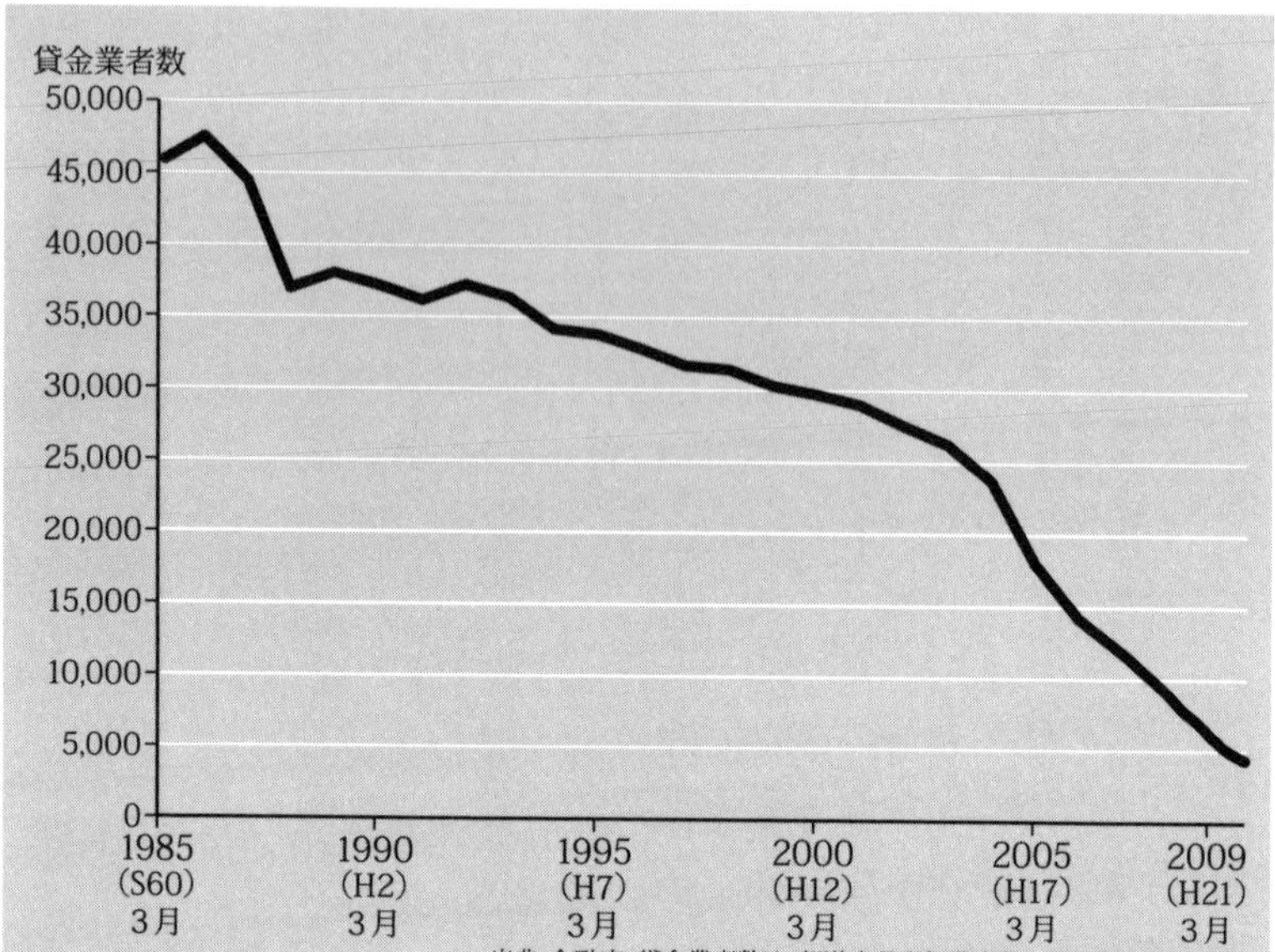

出典・金融庁。貸金業者数は、都道府県登録業者数+財務局登録業者数

ました。しかし広告には法定金利を謳う正規の業者でも、書類を揃えて店に行くと、「30万円を貸すから10日後に40万円を持って来い」などと言い出すような店ばかりだったのです。正規の看板を掲げる貸金業者が、一斉にヤミ金に転身していたのです。

「もう今では、たとえ大きな仕事があっても引き受けません。昔は十数人いた職人にも辞めてもらいました。今は昔なじみのお客さんの庭の手入れだけをしています。それなら、腕一本あれば、なんとか食べていけるからです」

貸金業法のために、日本の片隅で、こうしてまた十数人分の雇用が失われてしまったのです。

上場会社なら、株式市場から資本を集めることもできるでしょう。大手銀行だって相手にしてくれます。それでもなお、上場事業会社のうち無借金なのは全体の12%※しか存在していないのです。

大企業ですら金融がなければ生きていけないのに、中小零細企業は自己資金だけで運営すべしなどと言うこと自体が机上の暴論であることは明白だと思うのですが、しかしこのことが、政府の人間たちには、どうして理解できないのでしょうか。

世の中の零細事業者の多くは、貸金業者から個人の資格でつなぎ資金の手当てを受けて、会社を切り盛りしています。そういう事業者に対しても年収の3分の1の総量規制を強要するのが貸金業法なのです。

では造園業の三浦さんのように、それ以上のつなぎ資金が必要な事業者は、どうすれば良いのでしょうか。

そういう事業者たちに対して、貸金業法は貸付そのものを禁止はしないけれど、事業計画書と資金繰り表の作成を求めるだけでなく、納税証明書、申告書、営業許可書または届出書、事業所の賃貸契約書などなどの書類までも提出させろと要求しています。

そんな書類、見たことも作ったこともない零細事業者たちにとって、どれほどの日数、どれほどの手間が掛かることでしょうか。

※決算資料をもとに筆者推計。平成21年3月期時点

恐ろしく高い機会費用を零細事業者に課そうと言うのです。

あえて断言しましょう。総量規制というのは、着想も間違いなら、手段も間違い。立法手順すらも間違いだったのです。

あるいは零細事業者を廃業に追い込み、大量の失業者を街に溢れさせ、社会不安を増すことが貸金業法の立法者たちの望みだったのかも知れませんが。

お金を借りる理由は、ほんとうに千差万別です。お金を借りなくても平気な人の想像力の限界をはるかに超えています。明日、もしかしたら自分の身にだって、まったく予想もしていなかった出来事が降りかかってきて、どうしても緊急にお金が必要になるかも知れません。そういう時、即座にお金を貸してくれる存在は、機会費用までを考えるなら、経済学的に見ても、金利が高いことを補うだけの十分な存在意義があるはずなのです。

ただ単純に利率の数字だけを見て金融業者を駆逐してしまうことが、日本人の生活と日本経済にどれほどの悪影響をもたらすか。そのことを、総量規制に引っかかる５００万人の債務者が途方に暮れてからでないと、政府には理解もできないのかも知れません。

第二章

「破綻の臨界点」の理論

いくらまでなら借りても安全？

多重債務って、いったい誰の責任なのでしょうか。

弁護士や多重債務者は、盛んに「貸し手責任」だと主張しています。メチャクチャ高い金利で貸した「高利貸し」の責任だ、ということなのでしょう。この見方はマスコミにも共通の認識となり、その結果、暴利を貪《むさぼ》る奴がいけない、過剰に貸し付けるからいけないというのが、どうやら国民全体のコンセンサスになりつつあるようです。

ですが、多重債務問題の責任を負わねばならないのは、本当に「高利貸し」の側なのでしょうか。高利貸しに責任を転嫁すれば、問題は解決するのでしょうか。

実は、破綻するかしないかは、貸し手が高利貸しであるかどうかとは関係ないのです。一見、常識に大きく反することかも知れません。そこで借金の真実を理解するために、「破綻の臨界点」を見てみましょう。

たとえば毎月5万円ずつなら、なんとかギリギリ返済できる人がいたとします。

この人が、たとえば10万円を年利29％で借りたとしても、なんの問題もありませんよね。３ヵ月後には跡形もなく完済できることは直感で分かることでしょう。

実際に10万円のお金を借りた場合、1ヵ月目と2ヵ月目にそれぞれ5万円を払い、3ヵ月目には3700円ほどを払って完済となります。

ところが同じ人が、同じく年利29％で1億円を借りたとすれば、毎月5万円ずつ返しても、利子ばかりがどんどん膨らんで行きます。1億円の元金に対する利子は1ヵ月で24 2万円に達します。請求額に対して5万円ポッチのお金を払っても何の役にも立ちません。またたく間に借金は、何億、何十億という金額へと爆発していくでしょう。

10万円を借りた場合なら返せるのに、1億円を借りた場合は絶対に返せない。つまり10万円以上で1億円未満の「どこか」に、返せる金額と返せない金額の分かれ目、すなわち臨界点があるはずです。

借りたお金の額が、このギリギリの線を少しでも超えてしまうと、あとは利子が膨らんで行き、やがて破綻に至るというラインです。

この臨界点の計算は、実は簡単です。1ヵ月で発生する利子と、1ヵ月で返せる金額とがちょうど釣り合っている点を求めるだけです。簡単な計算により、毎月5万円ずつ返せる人が年利18％で借りた場合、そのギリギリの線は333万円強だということが分かるでしょう。

借りた金額が330万円だったなら、完済するまでにはとても長い期間が必要だけど、

毎月5万円ずつ返済した人の運命

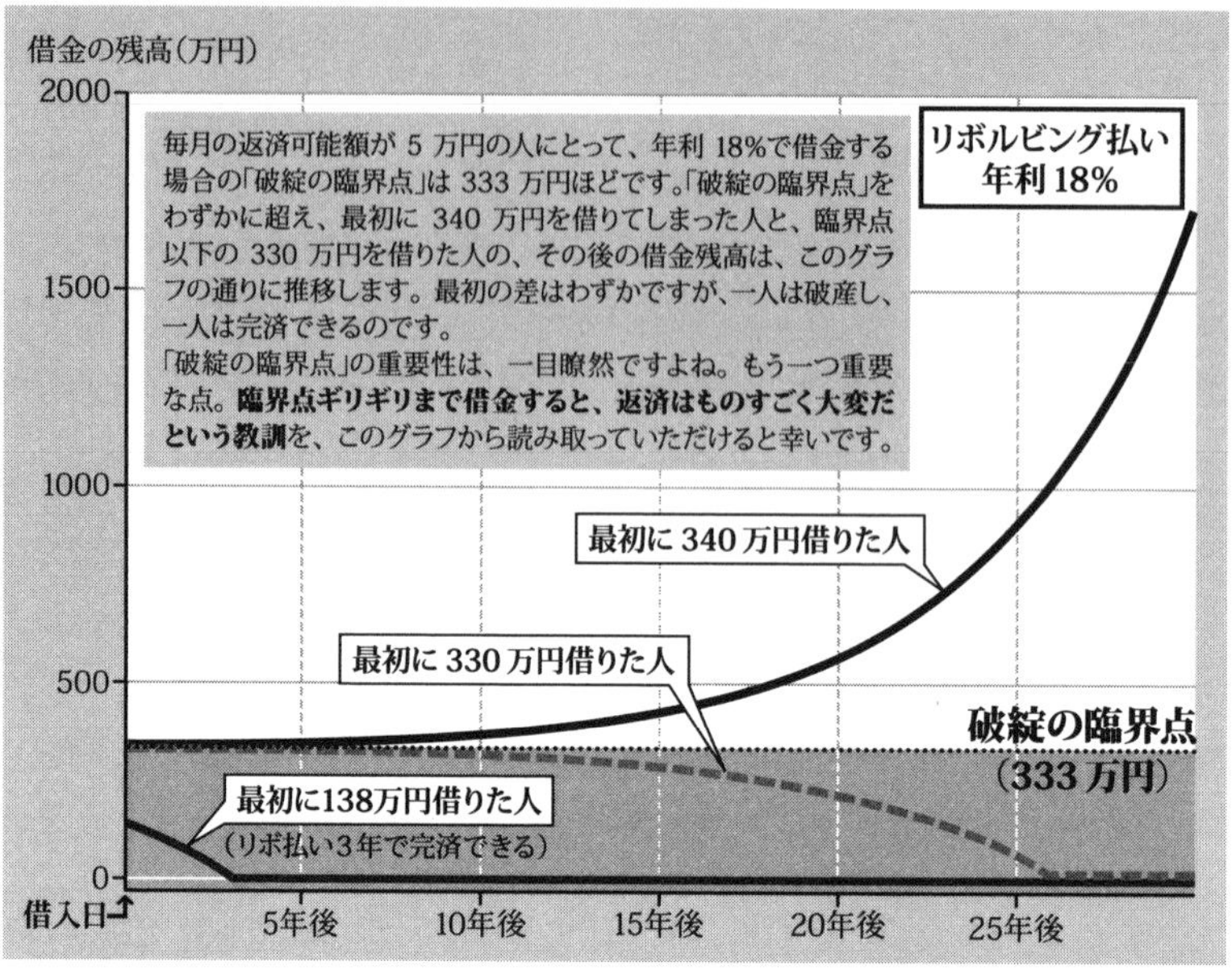

借金の残高(万円)
2000
1500
1000
500
0
借入日
5年後
10年後
15年後
20年後
25年後
毎月の返済可能額が5万円の人にとって、年利18%で借金する場合の「破綻の臨界点」は333万円ほどです。「破綻の臨界点」をわずかに超え、最初に340万円を借りてしまった人と、臨界点以下の330万円を借りた人の、その後の借金残高は、このグラフの通りに推移します。最初の差はわずかですが、一人は破産し、一人は完済できるのです。
「破綻の臨界点」の重要性は、一目瞭然ですよね。もう一つ重要な点。**臨界点ギリギリまで借金すると、返済はものすごく大変だという教訓**を、このグラフから読み取っていただけると幸いです。
リボルビング払い
年利18%
最初に340万円借りた人
最初に330万円借りた人
破綻の臨界点
(333万円)
最初に138万円借りた人
(リボ払い3年で完済できる)

やがて完済することができます。でも借りた金額が340万円だったなら、最初はゆっくりと、でもどんどん借金の残高に加速が付いて、やがて爆発的な過重債務になってしまいます。

上のグラフで見ても明らかなように、最初の差がごくわずかでも、破綻の臨界点を超えてしまっていると、やがて債務は爆発してしまうのです。

借りたお金が破綻の臨界点を少しでも超えたが最後、毎月5万円ずつ払っても、利子すら完全には払えません。自分の支払能力では払いきれない利子を払うために、あらたに借金をする必要に迫られます。こうして元本がどんどん膨れ上がって行きます。

やがて何年か経った時に「ああもうこんな莫大な借金、とても返せない……」という事態に至るのです。

これこそが、多重債務、過重債務の姿なのです。

破綻の臨界点よりも少ない金額だけしか借りなかった人は、決して破綻しないのに、破綻の臨界点を超えて借金をした人は、やがて悲劇に見舞われる。

つまり、過重債務者になるかどうかは、実はお金を借りようと決断したその瞬間に、借り手自身の手によって確定していたことだったのです。

すでに過重債務に陥っている人が、借金の返済が苦しくて苦しくてたまらないと言うのをよく耳にします。

多重債務問題の専門家である宇都宮健児弁護士が好んで語るエピソードがあります。一介のサラリーマンなのに、債務がどんどん膨らんでいき、ついに合わせて108社の貸金業者から総額1億3000万円もの借金を抱え、毎月800万円を「借りては返す」を繰り返していた「被害者」を私が救いました、というものです。

そりゃ苦しかったことでしょう。

破綻の臨界点を踏み越えてしまった人は、多くの貸金業者から断られ続けても、今日の請求書を今日のうちに払うために、お金を貸してくれる業者を必死で探し出して新規契約を結びます。そこから借りた金で即座に他社の請求を支払うという自転車操業です。神経もすり減らすでしょうし、プライドも傷つくでしょう。ヘトヘトに疲れ果てることでしょう。時間もいたずらに掛かります。

それでも新たに契約を結んで金を手にした時、借り主が「今日も一日、よくがんばった。一所懸命努力して借金を返した」と思い込んでしまう心理状態も当然のことかも知れません。

でも、賢明な読者の皆さんにはお分かりのように、これではまったく借金を返したことにはならないのです。実際には仕事をしていないのだから、あらたな「真水の返済資金」を作っているわけではありません。単純に「苦労して、逆に借金を増やした」だけですよね。

それが多重債務なのです。

ですから宇都宮弁護士が、この常識外れの借金を抱えていた多重債務者を自己破産によって救ったことは、まったく正しいことですし、宇都宮氏の立場から見れば、ここまで貸し込んだ「悪徳な金貸し」に対して激しい怒りを感じるのも、ごく当然のことではあるのですが、それでも最初に破綻の臨界点を「踏み越えてしまった」のは債務者自身の選択だったという点も忘れてはならないことだと思うのです。

あっ カリ子ちゃん
ガーッ
やあ おひさ!!
今……ここでお金借りてたの?
どんどこキャッシング
いや〜 A社の借金がなかなか返せないから
ここで借りたお金で返したところなの♡
スッキリ
えーっ そんなことしてると多重債務者になっちゃうよ?
マコは大げさだなァ
私そんなに金づかい荒くないよっ
50万ちょいくらい絶対返せるから大丈夫!!
ダンナにはナイショ!!
じゃあさ〜〜 何円借りたら返せなくなるかわかってる?
ん〜 200万くらい?
お給料の中から返済できる金額より利子が多くなったらハタンしちゃうんだよ
一生返せない!!
返済可能額
利子
年利18%で月1万返せるとしたら たった66万円
カリ子ちゃんの破綻の臨界点 (支払額と利子が釣りあうところ)
臨界点を越えるかどうかが運命の分かれ道!! 注意してね!!
はじめはたった5万しか違わないのに…… こわいなあ〜
(年利18%) 月1万返せる人の臨界点 66万6666円
70万円借りたら返せない
65万借りたらなんとか返せる

ところで、破綻の臨界点の計算に必要なのは、「毎月いくら払えるか」と、「利率はいくらか」という二つの情報だけです。この二つの数字が決まれば、自動的に破綻の臨界点は計算されてしまいます。

借り手が高額所得者なのか貧しい人なのか、貸し手が悪徳商人か貧困ビジネスの下手人なのかなどというような、弁護士や「被害者」がこれまでいろいろ主張してきた要素は、計算式にはいっさい影響を及ぼさないのです。

破綻の臨界点を踏み越えてお金を借りた人は、やがて必ず破綻する。

ただそれだけの話なのです。

いくつかの金利水準ごとの「破綻の臨界点」を一覧表にまとめておきました（左図参照）。自分の稼ぎによって毎月5万円なら払えるという人にとっての破綻の臨界点です。

これを見ると、バブルの前まで許されていた年利73％という利率では、意外にもわずか82万円強のところに破綻の臨界点が隠れていたことが分かります。

毎月1万円しか払えないという人の場合なら、年利73％では、16万円ほどを借りただけで、もう破綻の臨界点を超えてしまいます。

このように、たしかに利率が高ければ破綻の臨界点は低くなってきます。しかしそれでも、最初に借金をすることを決めるのは借金をする人自身の自由意思だということを忘れ

毎月5万円を返せる人にとっての、破綻の臨界点

	貸金業の上限年利(%)	破綻の臨界点
1954(S29)年から	109.5%	54万7945円
1983(S58)年11月から	73.0%	82万1917円
1986(S61)年11月から	54.75%	109万5890円
1991(H3)年11月から	40.004%	149万9850円
2000(H12)年6月から	29.2%	205万4794円
2010(H22)年6月から実施予定(※)	15%	400万0000円
	18%	333万3333円
	20%	300万0000円

※1社から100万円以上を借りる場合は年15%が上限金利、10万円以上100万円未満の場合は年18%、10万円未満の場合は年20%が上限金利となる。

てはいけません。

時速280キロが出る車を買ったからといっても、制限速度を超えて運転するかどうかは、ドライバー自身が決めること。それとまったく同じことではないでしょうか。

軽トラックのアクセルを踏むのと、ポルシェのアクセルを踏むのとでは、加速度はまるで違います。最高速度も違うでしょう。しかしそれでも、軽トラックだろうがポルシェだろうが、アクセルを踏めるところまで踏み続ければ、必ず速度違反を犯すことになるでしょう。

ドライバーが速度違反を犯すのは、果たして自動車メーカーの責任なのでしょうか。

もちろんカーナビにすべての道路の速度制限のデータを記録し、車のコンピュータと連動させ、車の最高速度をコントロールして、ドライバーがどれほどアクセルを踏もうとしても、絶対に制限速度以上が出ないようにする装置……みたいなものでも、自動車メーカーが作ろうと思えば作れないはずはありません。

しかし自動車メーカーには、そんな装置を車に取り付ける義務はありません。私たちドライバーだって、そんな装置は求めません。自動車の速度違反が原因で、毎年何千人の人が命を失っているでしょうか。後遺症に悩む人、ケガを負う人がほかに何倍も存在します。それでもなお、個人の自由に対してお節介を焼くことは、そもそも社会が求めていないのです。

ただ悲しいことですが、多くの人は、自分が破綻の臨界点を踏み越えてしまっても、そのことになかなか気が付きません。なぜなら、これはもうムリだ、破産か債務整理をするしかないと普通の人が感じる借金の金額よりも、ずっと低いところに破綻の臨界点が潜んでいるからです。

まだまだ自分は安全だと思いながらスピード違反を犯して走るドライバー本人が、うわっ危ないと感じ、次の瞬間に事故に遭ったとしても、客観的な視点から見れば、事故に遭うずっと前から安全な速度を超えて運転していたのです。

それと同じで、破綻の臨界点以上の借金を抱えてしまった瞬間のことを、借りた人自身はほとんど自覚しないかも知れませんが、その瞬間に、数年後の破綻もまた確定してしまうのです。借金をしたなら、利率によって臨界点の高低はあるにしても、臨界点そのものは必ず存在しているのですから。

90キロで走っていても、100キロ制限の高速道路なら何の問題もないのに、30キロ制限の一般道では一発で免許取り消しになるはずです。基準を超えていれば、いつかアウトになる。まったく同じことでしょう。

宇都宮氏が「被害者だ」と主張している、さきほどの1億3000万円の借金を抱えていた多重債務者の行動こそが、すべてを明白に物語っているではありませんか。

貸金業者の店に一軒一軒足を運んで、どうかお金を貸してくださいとお願いして回っていたのは、多重債務者の側です。「いらないかも知れませんが、どうかお金を借りてください」と言って金貸しが債務者のところにお金を持ってやってきて、頭を下げたのではありません。

この点こそが決定的に重要なポイントです。

「総量規制」では救えない

多重債務者になった人は、自らの意思によって、多重債務者へと続く道を選んで歩いていたのです。

しかも、自分自身で多重債務者への道を選んでおきながら、彼らがその結果をまったく予測していなかったという点こそが重要なのです。

したがって、借金をする人に破綻の臨界点を意識する習慣を身につけさせることは、消費者教育において、決定的に重要なのです。ドライバーが制限速度を意識して運転することとまったく同じです。

多重債務問題を「片づける偉い法律家の先生」ではなく、「債務者の心に発生してしまった問題として、債務者の心に寄り添うなかで、いっしょに解決案を探そうとしていくカウンセラー」の方に、筆者は何人も取材をしてきました。そして、その全員の方が、言葉は違えども同じことをおっしゃいました。

多重債務問題は、機械的に処理をしても再発するだけだ。心が変わらない限り、多重債務者は救えないのだ。カウンセラーの人たちは、皆さん異口同音に言うのです。金利を引き下げたからって、多重債務はなくならないよ、と皆さんが言います。それは心の問題なのだから、と。

筆者も、このカウンセラーの皆さんの見解こそ、まったく正しい見方であると思います。

多重債務問題は、借りる側の責任。だからこそ、借りる側となるすべての消費者に対して、ていねいな対応が必要なのです。

ところが、ただただ呆れる話なのですが、借金をする人にとって死活的に重要な「破綻の臨界点」の概念について、実は金融庁の貸金業制度等に関する懇談会でも、内閣府の多重債務者対策本部有識者会議でも、最近の金融庁の貸金業制度に関するプロジェクトチームでも、ただの一度も議論に上ったことがないのです。

多重債務の発生メカニズムについての議論も計算も何も行わず、出席者の誰も、何も知らないうちに「借金の上限を年収の3分の1以内とする総量規制」という案が役人によって告げられ、あれよあれよという間に決められてしまったのでした。

出席者からも、さすがに「それはどういう根拠なんだ?」と質問は出ましたが「年収600万円以下で収入の15%を返済に回して、3年で完済できる金額だ」と返事があって、それだけのことで決まってしまったのです。

筆者には、これこそ役人お得意の「最初に結論があって理由を後からこじつける方式」だったのではないかと思えてならないのです。

なぜなら、実情と極端にかけ離れているからなのです。

たとえば住宅ローンの住宅金融支援機構（旧・住宅金融公庫）の返済見直しの条件を見てみると、年収３００万円未満の場合、返済額が収入の30％を超えている人なら見直し交渉に応じますよ、ということになっています。年収が７００万円以上の人の場合、返済額が収入の45％を超えていないと見直しには応じてくれないのです。

有担保の融資の条件見直しの時ですら、これだけの金額を返済に回すことが求められているのに、無担保融資、つまり焦げつきはすべて貸し主がかぶる必要がある貸付において、収入のわずか15％しか返済に回さないような横着者を念頭に置くべき理由など、いったいどこにあるというのでしょうか。

さらに、割賦販売法の「支払能力」の考え方とも大きく食い違っているのです。

経済産業省が主管する割賦販売法も、貸金業界に密接に関係する法律です。

貸金業法の全面施行から遅れること約半年の今年12月までに全面施行される改正割賦販売法は、翌月1回払い以外のクレジット契約を規制している法律ですが、こちらも個人信用情報機関にお客さんの情報を登録し、買い過ぎを防止させることを大きな目的にしてい

割賦販売法による「生活維持費」の額

世帯人数	4人以上世帯	3人世帯	2人世帯	1人世帯
持ち家あり（住宅ローン無）	200万円	169万円	136万円	90万円
持ち家あり（住宅ローン有）	240万円	209万円	177万円	116万円
持ち家なし（借賃支払無）	200万円	169万円	136万円	90万円
持ち家なし（借賃支払有）	240万円	209万円	177万円	116万円

地方都市等（生活保護制度における３級地−1）の世帯については、この90%とみなす。
田舎（生活保護制度における３級地−2）の世帯については、この85%とみなす。

ます。

つまり、貸金業法と同じように、お客さんにとって、どれぐらいの支払いが可能かを見積もる義務がクレジット業者にも課せられているのです。

ところが、割賦販売法での支払可能額というのは、年収から生活維持費を引いた金額の９割と決められました。生活維持費の金額も、年収とは関係なく、持ち家ありの４人世帯で年２００万円、持ち家なしの単身世帯で年１１６万円などと見込むことになったのです（上図参照）。

つまり年収３００万円で賃貸一人暮らしの人の場合、クレジット債務は上限１６５万円まで認めるということになったわけです。

これも考えてみれば相当におかしな規定です。破綻の臨界点は、支払能力と金利という二つの要素によって決まるものなのに、割賦販売法では、このうち片方の金利という要素を無視し、支払能力の1年分の9割以内に借入総額を抑えさせようというのですから。

それでも、まだ割賦販売法では、少なくとも「支払能力」という一つの要素だけでも検討しています。

貸金業法の総量規制では、支払能力という要素すら検討せず、もちろん金利という要素も検討せず、アバウトに「年収の3分の1」に決めるという機械的なやり方ですよね。

金融庁では、年収が300万円の場合、3分の1の100万円が返せるギリギリの金額なんだ、と主張していました。

でも経産省のほうでは、年収300万円の独身の人は、165万円までは返せる金額だ、と言っている。

金融庁の役人の皆さん。どうか経産省のお役人の皆さんと意見の摺り合わせをしてから、法律を出し直してくれませんか？　同じ業界を規制する二つの法律の主張がこんなにかけ離れていると、笑うことすらできないのですけど。

もちろん、この二つの法律の間で内容を摺り合わせても、それだけではまったく不十分です。なぜなら両方とも、金利という重要な要素を見落としているという点においては、目クソ鼻クソのレベルに過ぎないからです。

このように、ある意味でいい加減な、議論とも呼べない議論によって貸金業法という法律が決められてしまった事実には慄然とせざるをえないのです。

たしかに、貸金業者たちが多重債務者に対して、現実に追い貸しをして、巨額の儲けを上げてきたのも事実です。

しかし、弁護士や裁判官や官僚やマスコミの人たちの目には映らない圧倒的多数派が存在します。正常に生活をしていて、破綻の臨界点を踏み越えずに暮らしている人たちです。統計から見ても、この人たちこそが圧倒的多数派であることは言うまでもありません。

しかし、破綻の臨界点を超えていない人が弁護士の前に現れてお金の相談をするなんてことは、決してありえないことです。

弁護士の前に現れる人、裁判所で裁判官が出会う人は、常に「借り過ぎによって酷い目に遭っている人たち」なのです。臨界点を超えた人たちばかりに日々、出会っていると、自分たちが出会う人間が実は少数派だということを、ともすれば忘れてしまう危険があるのです。

最高裁の滝井繁男元判事がインタビューの中で「実際にそういう人はどれだけいるのでしょうか。最高裁にいるとき見た限りでは、継続して借り続け、結局、長期で借りている人がほとんどでした」と言っています（日本消費者金融協会機関誌『クレジットエイジ』２００８年７月号）。

法曹人が現実を直視する代わりに、「債務者＝被害者」だという固い信念を持っているだけだということが、この一言から、如実に分かるのではないでしょうか。

実は貸金業法には、もうひとつ別の、致命的な欠陥が残っているのです。

思い出してください。破綻の臨界点の計算に、年収は関係なかったですよね。関係があるのは支払能力と利率です。

ところで、生活が苦しくて1ヵ月に1万円しか払えないという人にとっての破綻の臨界点は、利率15％で借りた場合でも80万円に過ぎません。利率20％で借りるなら60万円が臨界点です。

それなのに、苦しい人にまで１００万円まで貸すことを法律で認めるって、いったいどういうことでしょうか。

生活が苦しい人に一気に破綻の臨界点を超えさせること、それはすなわち借金地獄に突き落とすことを国家として公認することです。

国民を多重債務の悲劇から救うことが法律改正の錦の御旗だったはずなのに、この総量規制の考え方では、返済能力が低い人を救うことができないのです。

この法律の総量規制が意味することを、真正面から考えてみるべきです。

生活が苦しい人たちなんか、破綻したって構わないと、この貸金業法は主張しているのかも知れません。まさに天下の大悪法と呼ぶべきではないでしょうか。

余裕で返せるはずの人たちから、借金可能枠をムリヤリ削って生活の余裕を奪う一方で、ほんとうは借りてはならない苦しい人たちを破綻の淵に追いやってしまう。そんな法律を作ることを誰も不思議とも思わないし、異議を唱える者もいない。

これほど非合理的な、情念だけで動かされてしまう立法・行政府を持っている我が日本の国民が、いつまで経っても幸せになれないのも当然とすら思えて悲しくなってしまいます。

ところで、審議会の議論の中で、「リボルビング払いで3年間で払い終わる金額を上限としよう」という主張が一瞬だけ出てきます。

これは着目に値する考え方です。

そこで、リボ3年払いを前提とした借金可能額の上限を次に示してみました。ここでは1ヵ月の返済可能額が3万円、5万円、8万円の場合を前提にしています。

この表を見ても、総量規制というアイディアが最初から間違った方策であったことは明

リボ払い3年間で完済する人にとっての、借金可能枠

3年間のリボ払いで完済できる借金可能枠は、
100万円とはかけ離れた金額だということがわかるだろう。

利率（%）	15%	18%	20%	29.2%
毎月3万円なら払える場合	86万5418円	82万9821円	80万7242円	71万4038円
毎月5万円なら払える場合	144万2363円	138万3034円	134万5403円	119万0063円
毎月8万円なら払える場合	230万7781円	221万2855円	215万2645円	190万4100円

（筆者試算による）

らかでしょう。金利が年18％で借りたとしても、月8万円ずつ返済できる人ならば、その人の年収にかかわらず、無担保借入の総額が220万円であっても丸3年で完済できてしまうのですから。

貸金業法の総量規制の「年収の3分の1、あるいは100万円を上限とする」という結論には、まったく根拠がないだけでなく、有害ですらあることは、もはや明らかですよね。

最大の問題点を指摘しましょう。貸金業法が規制するのは貸金業者だけなのです。銀行は規制しないのです。金融庁の作る法律なのに、なぜ銀行をいっしょに規制しないのでしょうか。

銀行が貸そうと消費者金融が貸そうと、同じような金利で貸し出すのなら、借り主から見ればまったく同じ借金です。破綻の臨界点の計算において、貸し主が銀行だろうが貸金業者だろうが、そんな要素は計算にまったく影響を及

ぼさないことを、皆さん覚えていますよね。

現実に、貸金業法の規制の網をかいくぐって貸付を行うために、まるで名義貸しのように行われているのが、メガバンクによる直接貸出です。

銀行からの直接融資とは名ばかりで、たとえばアコムやプロミスといった消費者金融に審査も保証も事務も丸投げし、ただ単に銀行の看板を貸すだけとしか表現のしようがない融資の業態が出現しているのです。

実態は消費者金融からの融資。しかし総量規制の枠外だから、極論すればいくらでも貸し付けることが可能になる。金融業者に銀行が看板を貸し出すだけで、銀行にとっては事務の面倒さも全部、業者側に押しつけて、ただ高い金利で貸し倒れリスクもない安全な貸付ができるのですから、銀行としてはウハウハでしょう。

このような総量規制逃れとしか思えない銀行の商売を金融庁が見逃していることこそ、そもそも「総量規制には最初からなんの意味もないという事実」の動かぬ証拠と言えるのではないでしょうか。

借りた人が破綻に直面するかしないかは、その人が借金をした瞬間に、利率と支払能力によって決まってしまいます。借りた相手が何者かとは無関係なのです。

破綻することを選択するのは、貸す側ではなく、借りる側。だからこそ借りる側を教育

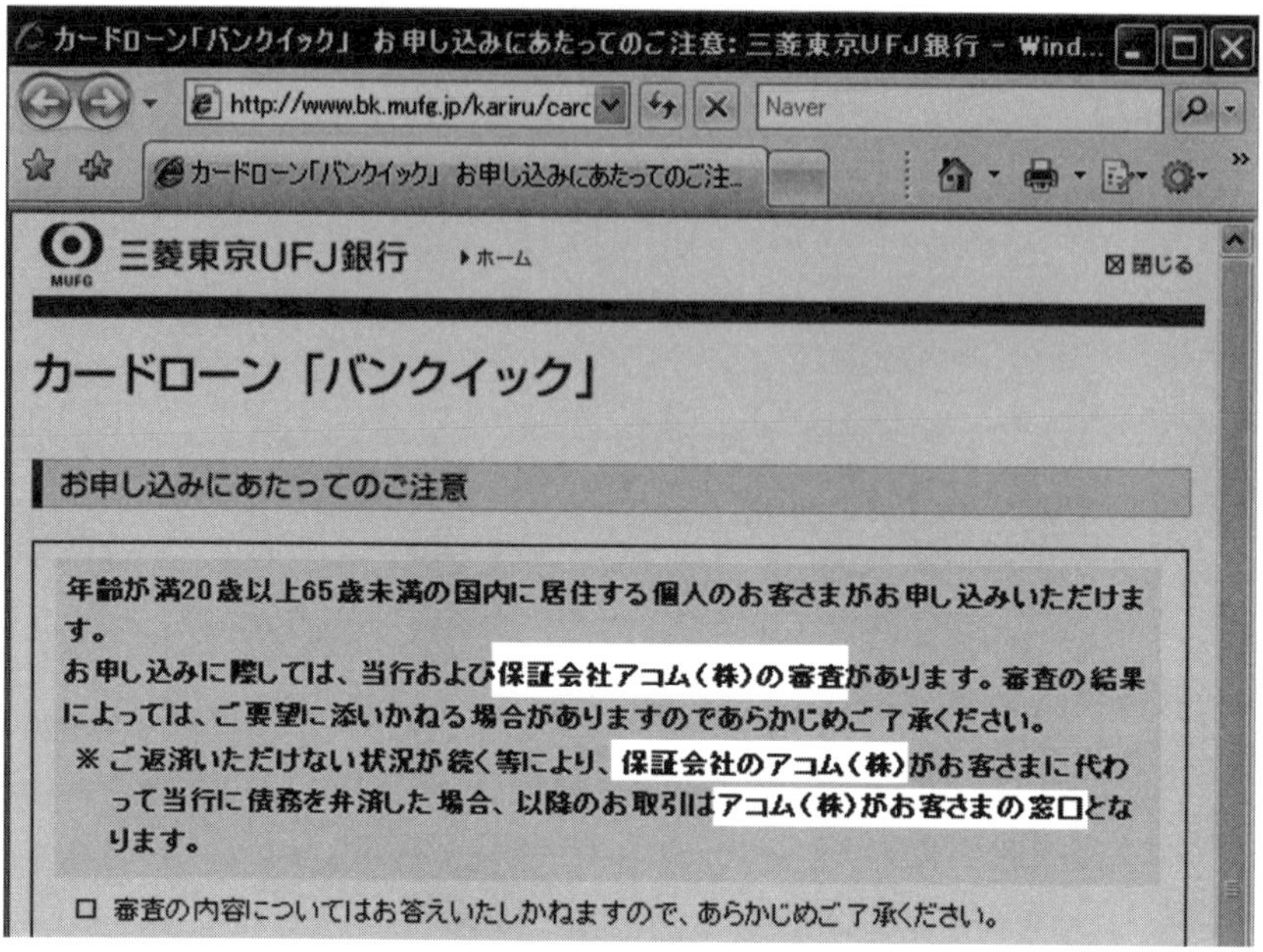
カードローン「バンクイック」 お申し込みにあたってのご注意：三菱東京UFJ銀行 - Wind...

http://www.bk.mufg.jp/kariru/carc

三菱東京UFJ銀行 ▶ホーム 閉じる

カードローン「バンクイック」

お申し込みにあたってのご注意

年齢が満20歳以上65歳未満の国内に居住する個人のお客さまがお申し込みいただけます。
お申し込みに際しては、当行および保証会社アコム（株）の審査があります。審査の結果によっては、ご要望に添いかねる場合がありますのであらかじめご了承ください。
※ ご返済いただけない状況が続く等により、保証会社のアコム（株）がお客さまに代わって当行に債務を弁済した場合、以降のお取引はアコム（株）がお客さまの窓口となります。

□ 審査の内容についてはお答えいたしかねますので、あらかじめご了承ください。

三菱東京UFJ銀行のホームページより（強調部分は筆者）

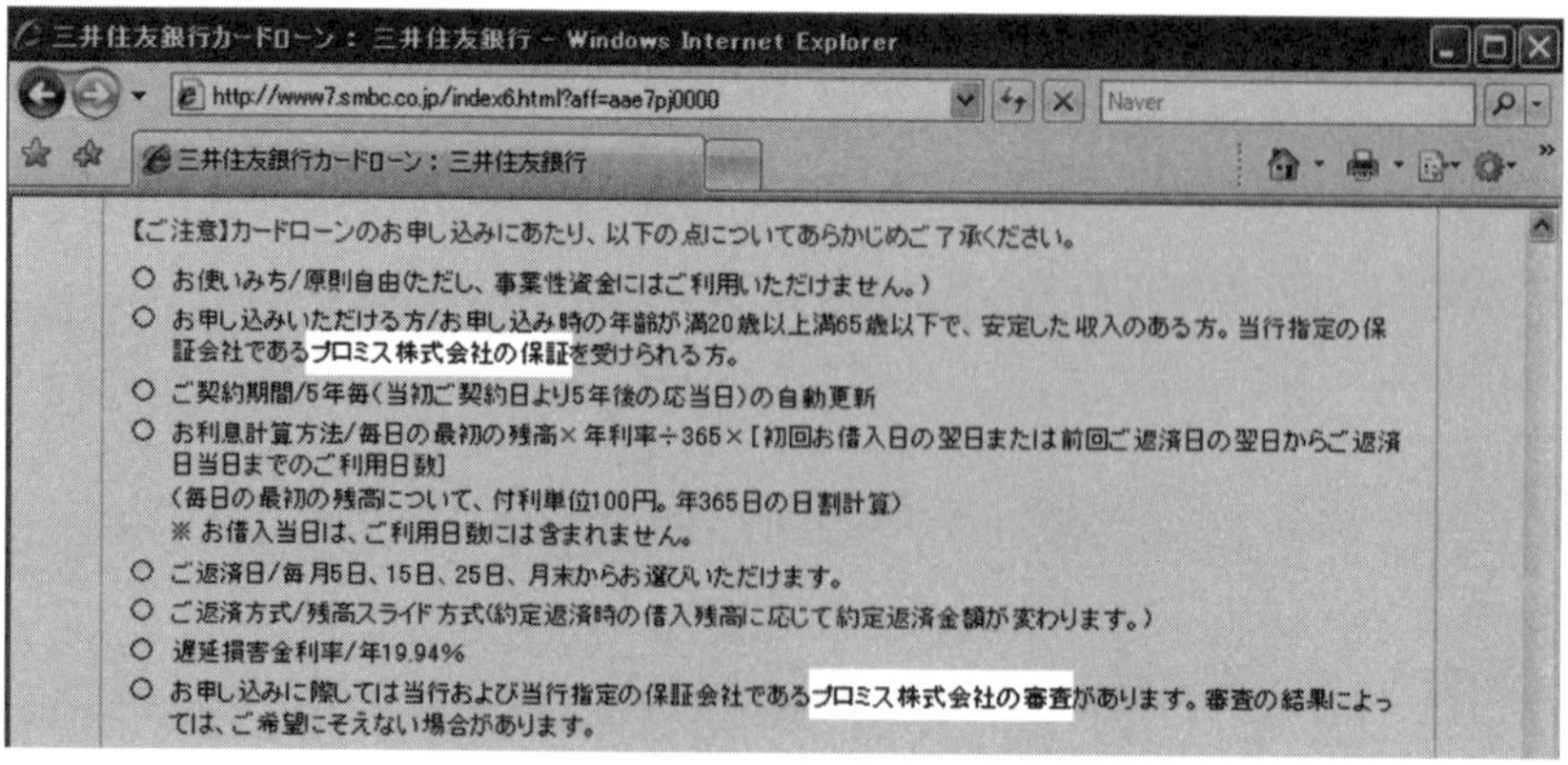
三井住友銀行カードローン：三井住友銀行 - Windows Internet Explorer

http://www7.smbc.co.jp/index6.html?aff=aae7pj0000

【ご注意】カードローンのお申し込みにあたり、以下の点についてあらかじめご了承ください。

- お使いみち/原則自由(ただし、事業性資金にはご利用いただけません。)
- お申し込みいただける方/お申し込み時の年齢が満20歳以上満65歳以下で、安定した収入のある方。当行指定の保証会社であるプロミス株式会社の保証を受けられる方。
- ご契約期間/5年毎(当初ご契約日より5年後の応当日)の自動更新
- お利息計算方法/毎日の最初の残高×年利率÷365×［初回お借入日の翌日または前回ご返済日の翌日からご返済日当日までのご利用日数］
(毎日の最初の残高について、付利単位100円。年365日の日割計算)
※ お借入当日は、ご利用日数には含まれません。
- ご返済日/毎月5日、15日、25日、月末からお選びいただけます。
- ご返済方式/残高スライド方式(約定返済時の借入残高に応じて約定返済金額が変わります。)
- 遅延損害金利率/年19.94%
- お申し込みに際しては当行および当行指定の保証会社であるプロミス株式会社の審査があります。審査の結果によっては、ご希望にそえない場合があります。

三井住友銀行のホームページより（同）

し、規制しなくては破綻の悲劇はなくなりません。

にもかかわらず、この貸金業法は、貸す側を敵視し、貸す側を規制することによって借り手を守ろうとする法律なのです。

どうしても総量規制を設定する必要があるのだとしても、この「総量」の中には、貸し主が貸金業者だろうが銀行だろうが区別せず、またクレジットカードのショッピングの額まで合算すべきです。「無担保融資の総額」として考えるべきです。またそれは、技術的に可能です。なにしろ今後は個人信用情報網が整備され、借入残高と支払能力をリアルタイムで把握できるようになるはず、なのですから。個人信用情報網に、貸付金利まで登録させれば、それだけで済む話なのです。

ただ、個人の債務の残高は、信用情報網を整備していくことで外部から観察できるようになりますが、個人の返済能力というものは、究極的にはその本人自身だけが正しく理解しているものです。自分の収入のうちからいくらを返済に回せるか、それを決めるのは、その本人以外にいないのですから。

つまり、お金を貸す側が借り手の事情を推測することはできても、「知っている」のと「推測する」のとでは雲泥の差があるのです。本人が黙っているのに、周りが推測してあれこれ配慮をする必要がある場合、無意味に社会的なコストが掛かってしまいます。

さきほどのカーナビの例を思い出してください。

カーナビの技術を発展させて、運転手の意思とは無関係に、絶対に制限速度違反を起こさない自動車を作ることも、もちろん技術的には可能ですが、そんな装置を義務付けても、無意味に社会全体のコストを割高にするだけです。社会全体が、ガンジガラメに規制されて、ものすごく息苦しくなるだけです。

それと同じことではないのでしょうか。

借りる側にこそ正しい判断が求められるのです。

借りるかどうかは借りる側が決めるのだという大前提は、法律を変えようが何をどうしようが、動かすことはできない大前提です。お金というシステムそのものを放棄し、この世を物々交換の時代に戻したいのなら話はまた別ですが、お金というものの価値を否定しない以上、お金を借りる側が、常に正しい判断をしなくてはならないのです。

金利を払ってお金を借りる場合には、時代が12世紀であろうと21世紀であろうと、場所が中国であろうとベニスであろうと日本であろうと、破綻の臨界点の計算式はまったく変わらないのだ、ということを認識すべきです。

従って、金融庁が消費者を守ることを錦の御旗に掲げて貸金業法を作りたいというのなら、その前段階において、判断能力の低い人への万全のサポート態勢を金融庁が構築することが、絶対的な義務として求められるはずです。

サポート態勢の構築には、ものすごくマンパワーを必要とします。費用も掛かるでしょう。

しかしこれから見ていくように、金融庁は、こうした弱い人へのきめこまかなサポートという、日は当たらないけど重要な仕事を、まったく行っていないのです。

もちろん、言い訳をすることにかけては中央官僚の右に出る者はいません。

金融庁は、たしかに表紙に「マニュアル」と書かれた冊子を用意しています。「これでマニュアルは整備した」と、言い訳作りは万全のつもりかも知れません。

多重債務者への対応を行う現場には、予算も与えず、それは地方自治体の仕事であると宣告して、実際の仕事を地方に丸投げし、それで自分たちの義務は果たしたと言うわけです。

しかし、金融庁謹製の多重債務者相談マニュアルを渡された地方自治体の現場では、日本全国で一斉に悲劇が起きるだけです。

なぜなら、このマニュアルという名のパンフレットには、「すでに破綻の臨界点を超えている人への対応方法」しか記されていないのに、今年6月に貸金業法が完全施行された時に相談窓口に殺到する数百万の人たちは、「破綻の臨界点なんか全然超えていない人たち」だからなのです。

破綻の臨界点を超えてもいないのに、貸金業法の総量規制のせいで借りることができなくなって困惑して窓口に押し寄せる人たちへの対策が、このマニュアルには何一つ記されていないのです。

臨界点を踏み越えた人への処方箋だけしか用意していなければ、悲惨な事態が全国各地で勃発するのは確実です。

いわば、経験の少ない地方の病院に配られたマニュアルに、ただ一言「ガン患者に対しては、抗ガン剤を与えろ」としか書かれていないのと同じことです。窓口に用意された薬も抗ガン剤だけです。それなのに、これから総量規制の実施によって相談窓口に押し寄せるであろう数百万の人たちは、ほとんどみんな「ガンとは無関係な人たち」なのです。

そんな人たちに対して、経験の少ない相談窓口の係員が、マニュアル片手に、片っ端から抗ガン剤を処方すれば、どんな悲劇が全国各地で起きるでしょうか。だれでも容易に想像できることではありませんか。

すべての国民に対して一律に「無意味な総量規制」をかぶせつつ、銀行関係のためにシッカリと抜け穴を用意して、消費者金融業界を銀行業界の草刈り場にするという方向を選んだ金融庁の罪は、万死に値すると言わざるを得ないのです。

第三章

「貸金業法」の痛すぎる落とし穴

「善意」のつもりが犯罪者

いきなりですが、ここで問題です。

金曜日の飲み会で同僚から「すまん、1万円貸してくれ」と言われ、快く貸したところ、さっそく月曜日に返してくれました。そして同僚は「ありがとう、これは利子ね」と言いながら、５００円のクオカードを1枚くれました。

やれやれ信頼できる同僚で良かったと思って、なんの疑問も抱かずに、あなたはそれを受け取るでしょう。

さて、このクオカードを利子と考えると、年利は何%だったのでしょうか。

① ５%

② ４５６%

利率とは何かを知っている人にとっては、ごく当たり前のことなのですが、まだまだ知らない人もけっこう多いのです。そこで、念のために復習してみることにしましょう。

クオカードは５００円分の金券としてコンビニやファミレスで広く使えるから、事実上は現金と同じものと言えるでしょう。そして、たしかに1万円の元本に対して５００円は

5%です。

しかし①を選んだあなた、残念でした。

正解は②です。

この問題の場合には、金曜に1万円を借りた同僚が月曜に返してくれたのですから、借りていた期間は実質4日間だったということになります（最高裁判例で、初日も最終日もそれぞれ1日とカウントするため）。

500円のクオカードは、貸付期間の4日間に対する利子と考えなければなりません。この条件でこのまま1年間、貸し続けるなら、4日ごとに500円のクオカードを1枚貰えるはずだから、1年間ならクオカードを91枚強も貰えるだろう。91枚のクオカードは4万5500円。年利に換算すると456%だ、というわけなんです。

同僚が91枚もクオカードをくれるはずがないことは、貸した側も借りた側も当然のこととして了解しているけれど、法律では「わずか4日間の貸し借りで500円の利子が発生した」という点にだけ注目しちゃうので、年利に換算すると456%などという途方もない数字が計算で出てきてしまうのですね。

仮に1万円を貸した相手が1年後にようやくお金を返してくれて、その時に初めて500円の利子を付けてくれたのなら、年利は当然、5%です。

しかし返してくれたのが1ヵ月後だったなら、500円の利子を1ヵ月ごとに受け取れると考えるので、年利は6000円、つまり60%になるわけです。

というわけで、4日間しか借りていないのに元本の5%の利子を受け取ったのだから、結局、これを年利に換算すると456%ということになるのです。

同じ500円の利子でも、相手が短期間で返してくれると、法定利率を超えてしまうという妙な話になるんですね。

さて、では次の問題に移ります。

同じ同僚から「毎月すまないけど、今月もピンチなんだ。来週まで、また1万円貸してくれないかな」と言われました。

この同僚は先月も先々月もキチンと返済してくれています。信頼できる義理固い奴だから安心だと思って貸したあなた。

今月もまた500円のクオカードを貰えるかも知れません。嬉しいですよね。

ですが、あなたはここで貸金業法違反の罪を犯したことになるのです。

最悪の場合、あなたはどういう罰を受けることになるでしょうか。

① クオカード3枚没収

② 罰金10万円
③ 懲役10年

クオカードを3枚貰った程度のことで警察に捕まって、懲役10年なんて話があるはずもない、と思うのが普通の人の常識でしょうね。でも今や天下の「貸金業法」が支配する時代なんですよ。

3回以上反復して貸すのなら、貸した人間は貸金業者だとみなす判例もあるのです。

ところで貸金業者扱いされてしまったあなたは、資本金5000万円を用意しているでしょうか。貸金業務取扱主任者の資格なんか、たぶん持ってないですよね。個人信用情報機関にだって登録なんかしてないでしょう。

そう。あなたは3回以上、反復して貸付をおこなっている以上、貸金業者とされる可能性があるのに、貸金業者としての登録要件を何一つ満たしておらず、年利数百%で貸し付けていたのですから、法律上、どこから見ても立派なヤミ金業者になるのです。

したがって正解は③の懲役10年。罰金３０００万円が併科される可能性もあります。その上、貸したお金の1万円は、ヤミ金という不法行為をするためのお金だということになるので、ちょうど銀行強盗が包丁を返してもらえないのと同じように、返してもらうこともできません。

新聞の見出しが目に浮かびます。

「悪徳ヤミ金業者逮捕！　同僚に対し年利４５６％もの暴利！」

うへー。知らず知らずに、そんな大罪を犯していたんですね〜。困った困った。

冗談ではありません。

このケースとまったく同じ状況で、貸した側が逮捕され、有罪になるという事件が現実に起きているのです。実は平成21年7月に、70歳のお婆さんが、和歌山市で「ヤミ金業者」だとして逮捕されてしまったんです。

彼女は「無登録で貸金業を営んだ罪」で有罪となり、実際の判決は懲役1年、執行猶予3年、罰金30万円というものでした。

ところがこの事件、実はお金に困った知り合いに対して、お婆さんが自分のお金を融通してあげていたことが発端だったんですね。

ある時払いの催促なし。集金にも行かない。

だから総額で1000万円ほども貸していたのに、返してもらったのは400万円程度だったというのです。

こういうのは、そもそもヤミ金事件として罰せられるべき「事件」だったのでしょうか。

70歳とはいえ、声も大きく豪快で元気なお婆さん。彼女の生きがいは、困った人が彼女を頼って来てくれること。人に頼られることがなにより嬉しいという人でした。

彼女に話を聞いている時、近所に住む、作業服を着た30代の男性が、漬物を手土産にやってきました。その漬物は、先日、彼女に寿司をおごってもらったお礼だということでした。

二人は世間話を始めましたが、どうもこの男性は、現場の親方が分からず屋で、かなり苦労しているとか。その男性は別にお金を貸してくれなどと一言も頼んだわけでもないのに、帰り際、お婆さんは財布から1000円札を取り出し、男性に手渡しながら諭《さと》すのでした。

「そんなことばっかりしていたらあかんで。自分のこと、ちゃんとせえよ。しっかりせんとあかんで」

「はい」

「寒いのにすまなんだな。気をつけてな」

彼女がまだ若かった頃、離婚してから始めた喫茶店を女手一つで経営していた時も、そこは喫茶店というよりも、まるで相談所という感じだったといいます。

貧しくて食事も満足に食べられない生徒を学校の先生が連れて来るたびに、さあどんどん食べなさいと言って腹いっぱい食べさせてあげるような損得度外視のお店だったのです。

彼女はその喫茶店の稼ぎで自分の子供2人を女手一つで育てただけでなく、病気で亡くなった知人の遺児など、合わせて6人もの子供を引き取って育て上げたというのですから、困っている人を見ると、ほんとうに居ても立ってもいられなくなる人だったのでしょうね。

彼女は貧しい人の多い地区で質素に暮らしていたので、周りには生活保護を受けている人もいれば、それこそ刑務所から出てきて働くところもない人も、パチンコで負けてスッカラカンになった女もいたのです。

そういう人たちが、みんな彼女のことを頼って来ていたのでした。

お婆さんは日頃から、そういう人たちに米をあげたり、品物をあげたりして応援していたのです。

ところが4年前、事件が発生します。

内装工事の仕事をしている知人に、お婆さんは600万円を貸してあげていたのですが、その知人の仕事がうまく行かず、返せないよと言ってきたのです。そこで600万円分は彼女の家の内装工事によって返すことにしようという話になりました。しかし材料費もないと言うので、お婆さんはさらに相手に200万円を貸してあげたのですが、結局、相手は倒産してしまい、貸したお金が全部パーになったのです。

この小事件をキッカケとして、お婆さんがお金を持っているらしいぞということが近所に知れ渡ってしまいました。そして困った人がみんな彼女を頼ってやって来るようになったのでした。

彼女が貸すお金は、一人あたり、せいぜい一回で数千円から2万円程度。貸した相手も知り合いが多く、貸したお金も、いちおう1ヵ月で返してもらうという約束にはなっていましたが、もちろん返してくれればそれに越したことはないし、貸し倒れでも仕方がないと思っていたのです。

お礼をしたいと言う人がいれば、1割ぐらいまでなら利子として受け取ることもありました。そして、これが罪に問われたのでした。

たしかに、2万円貸して、1ヵ月後に2000円のお礼を受け取ったら、年率に換算してしまうと120％ということになってしまいます。

さきほどの例で見た通り、この程度の安い金額、短い借用期間だと、ほんのちょっとのお礼を受け取っただけでも、年利に換算すると暴利になってしまうんですよね。

それこそ500円のクオカードを貰っただけでも、あるいは菓子折り一個、手拭い一本を貰っただけでも、短期間の貸し借りを年利に換算すると、貸金業法の制限を超える暴利になってしまうのです。

実際に逮捕され、起訴され、有罪にされたお婆さんの、善意を裏切られた淋しさと無念さを、ぜひ読者の皆さんも噛みしめて欲しいと思います。

決して罪に落としてはならない人を有罪にしてしまった。これこそが貸金業法という法律のひとつの姿なのですから。

では、もう一つ、問題を出してみましょう。

旅行中の友人から、あなたは電話でお金を貸してほしいと頼まれました。今、旅先でお金を落として困っているらしいのです。

オレオレ詐欺ではないことを確認したあなたは、友人に3万円を振り込んであげました。

ただし、さすがに振込料の630円ぐらいは差し引いてもかまわないだろうと思い、2万9370円を振り込みました。あなたが払ったお金は、振込料と合わせると3万円になります。

友人は、ほんとうに助かったよと言いながら無事に旅行から戻ってきて、1週間後に3万円を返してくれました。あなたは3万円を貸し、3万円が返ってきたのですから、不満はありません。下手に利子を貰ったりすると、最近は金融庁や警察がやたらとうるさいらしいから、ここは困った時のお互い様で行こうぜ、と言い合いました。

さて、貸金業法に従って、この時の利率を計算してみると、どうなるでしょうか。
① 言うまでもなく、ゼロ%
② 実は驚きの98%
ここまでのストーリーの流れを読めばお分かりとも思いますが、正解は②なんですね。

友人の口座に振り込んであげる時に、振込料を差し引いたとしたら、その差し引いた金額は「みなし利息」として扱うというのが法律の考え方なんです。

友達は振込料の630円を差し引いて2万9370円しか受け取っていません。ところが友達は3万円を返したのだから、差額の630円は利子とみなされるのです。1週間、初日と最終日も算入して8日間で換算すると、これは年利98％の暴利になるのです。

貸金業法では、貸した側が利子を1円も受け取っていなくても、たとえば振込料とか手数料とか調査料とか、その他どんな名目であれ、「借りた側がお金を払った場合」には、借り手が払ったお金を「みなし利息」として扱うことになっているんです。[※1] 誰かにお金を貸す場合には、相手に振り込む手数料ですら、貸す側が自腹で負担しなくてはいけないのです。そうでないと貸金業法違反になってしまうのです。[※2]

驚くべき、なんという法律なのでしょうね。

どうしてこんな常識外れのことが、まかり通ってしまうのでしょうか。

もちろん、金利以外に○○手数料などと名目を付けては脱法を狙ってきた行儀の良くない貸金業者たちを封じることも大きな理由なのでしょう。

しかし、最大の理由は、金額が少なく、貸付期間もごく短期間の場合には、そうした手数料などを年利に換算すると法外な数字になりかねないという点に尽きると思われます。

現在、被害が多発しているヤミ金業者も、貸付金はせいぜい5万円から10万円程度と、ごくわずかです。貸付期間も7日とか10日などと短期間です。もちろんヤミ金は暴利ですが、あの和歌山のお婆さんだって法定金利を超えて貸していた以上、ヤミ金業者と彼女との間に一線を引くことができないのです。

※1多数意見。
※2なお、返済のために借りた側が銀行振込をした場合には、借りた側が払った振込手数料は「みなし利息」とはならない。

つまり、貸金業法での「合法と違法の切り分け方」そのものが、根本的に不合理ではないのかと思われるのです。

貸金業の高金利融資に対する刑事罰を定めた出資法という法律が昭和29年6月に作られた時、この法律による上限金利は年利109・5%と定められていました。これを超えて貸し付けた者は懲役です。

ところで昭和29年当時というのは、一般庶民に対して銀行が金を貸すことなど、あり得ない時代でした。

銀行とは庶民から金を集めて大企業に貸し出すもの。当時の国民はみんなこのことを当然の常識と思っていたのです。銀行が本腰を入れて個人客に貸し出すようになるのは、出資法が成立してから、かれこれ20年も後のことなんです。

従って、出資法は、条文には書かれていませんが、銀行以外の貸金業者が個人に貸す時の上限金利とか、逆に個人に利子を払って業者が出資を募る時の上限金利を定めようとして作られたものだったのです。

実は出資法が作られたまったく同じ昭和29年の5月に、もう一つの法律、利息制限法が成立しています。

こちらは、条文には明記されていませんが、銀行が企業に貸し出す時の上限利息を定めるという趣旨で審議されていて、10万円未満の貸し出しの時には年利20％以下でなければならないと定めた法律でした。１００万円以上の貸し出しなら年利15％以下でなければならないというのです。

ところで当時の人たちは、どういう金銭感覚の世界で生きていたのかを想像するために、二つの法律が成立した昭和29年当時の物価水準を見てみることにしましょう。

この年、昭和29年の1月に廃止されるまで、世の中には1円の１００分の1の「銭」単位の硬貨が通用していた、そんな時代だったのです。大学を卒業する人はまだ少なく、中学卒の子供たちが農村部から大都市に集団就職するのが当たり前の時代でした。高卒の公務員の初任給が５９００円だった時代。そんな時代の10万円ですから、現代の感覚で言うと10万円というのは数百万円にあたるでしょう。

つまり現代人の感覚で言うと、数百万円までの貸出金利は20％以下、数千万円以上を貸し出す時の金利は15％以下と決められた法律だったのです。この金額を見ただけでも、当時の人たちが、利息制限法という法律を、自分たち庶民の生活とは無関係な、銀行から企業への貸出金利を定めた法律だと思っていたことを理解できるのではないでしょうか。

まったく同じ昭和29年の第19回通常国会において、金利の上限を定める法律が二つ、ほとんど同時に成立して、しかもその両方の制限金利には月とスッポンほどの差があったのに、誰も不思議とも思わなかったのには、こういう事情があったためなのです。

貸金業者が庶民にお金を貸す時の上限金利は109・5%。銀行が大企業に貸すお金の上限金利は15~20%。銀行が庶民など相手にしなかった時代、金融業界に厳然と棲み分けがあった時代においては、そこに何の不思議もありませんでした。

利息制限法と出資法。上限利息が二つ存在する以上、この二つの間の矛盾は法律を作る時点で解決しておかねばなりません。

そこで、利息制限法に、このような考え方が盛り込まれました。

どんな人にだって、お金が緊急に必要になる時はあります。だけど、どうせ庶民に対して銀行はお金なんか貸してくれません。誰かに借りなければいけない。この時に、貸し主と借り主がお互いに制限利率を超えていることを納得した上で借金をして、借りた側が自分の意思で任意に利息を払ったのなら、その利息が利息制限法を超えていれば見た目は違法かも知れないけど、社会秩序を乱すとまでは言えませんよね。ちょうど1万円貸したお礼にクオカードを貰ったり、3万円を振込で貸した時に振込料を天引きしたようなものです。違法な金利かも知れないけど、常識で考えれば、貸した人間を懲役に処するのはやり過ぎだろうと分かります。

そこで、お互いに納得して借り主が穏便に払った利息は、後からは取り戻せないことにしましょうよ、という考え方が利息制限法に盛り込まれたのです。これが「1条2項」という条文です。

1条1項で、上限利率を定め、これによって銀行の融資を縛りながら、1条2項で、上限利率を超えた利息でも、借りた人が納得ずくで払ったのなら、後になってから返還請求はできませんよ、と決めたのでした。

この1条2項というのはとても大切な条文で、これからも何度か出てきますから、ぜひ頭の片隅に残しておいてくださいね。

法律というのは、それが制定された時代背景を超越して生き続けます。人々の常識もどんどん変わっていきます。

昭和31年、この法律が作られた2年後に、東京都品川区の建築業の男性Aさんが、東京都中央区の貸金業者Bさんから50万円を借りました。

条件は、月利7%の天引きで、実質年利に換算すると約90%となります。担保は自宅です。Aさんは手頃な土地の出物を見つけたので、建売住宅を建てようと思ったのです。Bさんは利子3万5000円を天引し、46万5000円をAさんに渡しました。

これでもし翌月、Aさんが約束通りに元利合わせて50万円を返していたら、もしかすると日本中を揺るがす大問題は、なに一つ起きなかったのかも知れません。

実質年利90％というのは、もちろん当時の出資法の上限金利以下です。貸金業者Bさんも、問題なんか、あるはずがないと思っていたことでしょう。

さて、翌月になりました。借りた金ぐらい耳を揃えて返せるだろうと思っていたAさんですが、お金を作ることができません。期限切れでヤイノヤイノ言う貸金業者をなだめつつ、利息として、あるいは遅延損害金として少しずつお金を払いながら、工事を進めます。

この間、いろんなことがありました。Aさんは毎月払うべき3万5000円の利子も用意できないことがあり、苦し紛れに小切手で払ってみたものの、不渡りになってしまったということが3回もありました。事実上、Aさんは倒産状態に陥ったのです。しかしこれだけ苦労をして、翌年の晩秋に、ようやくAさんは建売住宅を完成することができました。

しかしそこは貸金業者です。貸した金を取りっぱぐれることがないようにと、分譲の仲介も親密な不動産業者に行わせ、購入者から入金された手付金がAさんの手許に渡る前に、Bさんのために違約金などが先取りされてしまいます。Bさんの番頭のC氏も、手付金から回収などと称して荒っぽくお金を抜いたりしています。

そして、元金の返済がないまま、ついに利息の入金も途絶えた時、BさんはAさんの家を取り上げるために所有権移転登記をし、さあ出て行ってくれ、とAさん一家を追い出し始めたのでした。

実質的に46万5000円を借りたAさんは、それまでなんのかんので124万円ほども払っていたのですが、貸金業者Bさんの主張は、それはAさんが納得ずくで払った利息や損害金なのだから、元金は一銭も減ってない、というものでした。

こうして裁判が始まります。

一審では貸金業者Bさんが勝訴しました。1条2項により、任意に払った利子は取り返すことができないというのが判決の骨子でした。

ほぼ完全勝訴を勝ち取ったので、Bさんは安心したことでしょう。

ところが裁判が東京高等裁判所に移った時には風向きが一変していました。裁判の間に借り主が死亡し、裁判が遺族の遺恨試合のようになったことも一つの理由かも知れません。借りたお金の3倍も払ったというのに、遺族は家屋敷まで取られ、まさに無一文で追い出されようとしているのですから。

しかも借り主の家屋敷を取ろうとしているこの貸金業者は、実は日本名以外にアジア系の別名を持つ人だったんですね。一方はかわいそうな借り主の遺族です。裁判官といえども、偏見とか感情とかに左右されるなと言っても難しい状況です。

さて、利息制限法の1条1項と1条2項は、もともと矛盾している条文でした。1条2項に従うと、Aさんが任意に払った利息は取り返すことができないのです。このまま行けば、かわいそうな借り主の遺族は、金も失い、家まで取り上げられて路頭に迷うことになるでしょう。

ところで憲法76条3項には、このように書かれています。

「すべて裁判官は、その良心に従い、独立してその職権を行い、この憲法及び法律にのみ拘束される」つまり、裁判官は法律に従わなきゃいけないよ。だけど良心にも従いなさいよ、と書かれているのです。矛盾に直面した時、目の前の人を救うために、法と良心と、どちらを優先し、どちらを選ぶのか。きっと裁判官は悩んだことでしょう。そして、エイヤッ。1条2項は無視しちゃえ、と思ったのかも知れません。

前代未聞の逆転判決が飛び出したのでした。

1条2項を無視してしまえば、既に払った「利息・損害金」を利息制限法の1条1項の規定で計算し直すことになります。計算すると、法定利息だけでなく、元本を合わせた以上の金額をAさんはすでに払っていたことが分かります。

ということは、元本を返し終えたあとに払ったお金は取り過ぎってことになるので、返還しなさいね、と裁判長は貸金業者Bさんに命じたのです。

判決にどれほど異議があっても、目の前の裁判長に質問をぶつけることはできません。なぜ1条2項は無視しても良いのか、白昼堂々、裁判所が法律を破ってもかまわないのか、とBさんは問い詰めたいと思ったことでしょう。

負けたBさんは最高裁判所に上告しますが、挽回することはできませんでした。なぜ1条2項を無視しても良いのか、その理由も示されないままに、こうして「過払い返還」を命じる最初の最高裁判決が確定してしまったのです。

今、インターネット上などで公開されているこの判決では、個別の事情はスッパリと削ぎ落とされています。最高裁の判例だけを読んでも、なぜ1条2項を無視しても良いと最高裁判所が判断したのかについては誰にも分からないでしょう。

判決というのは、個別の事件ごとで判断されることになっています。

たまたま借り手が「すごくかわいそうな人」だったから、なんとか借り手側を勝たせてあげるために1条2項を無視してしまった裁判長の苦肉の策。そんな判決のつもりだったのかも知れません。しかしひとたび確定してしまえば勝手に一人歩きを始めてしまうのです。

これこそが、現在にまで続く「過払い返還」の最初の判決だったのです。

裁判所には、法律を変える権限はありません。裁判所は、法律が憲法に反するかどうかを判断する権限は持っているけれど、現在存在している法律を勝手に無視しても良いなどという権限は、どこにもないはずなのです。しかし、経済的弱者を救うという旗印の下で、白昼堂々、法律を無視する判断が最高裁判所で確定してしまったのでした。

弁護士すべてが背を向けた

さて、どんな事情があったにせよ、最高裁判所の出した判決は判決です。貸金業者たちも、裁判に訴えられれば過払い金を返さなくてはならなくなりました。

ところでこの判決が出た昭和43年頃には、世の中にはまだ、いわゆる「サラ金」は存在していませんでした。のちに「サラリーマン金融」に発展する「団地金融」が産声を上げたのが昭和41年のこと。第一次サラ金パニックと呼ばれる社会現象になったのは、10年もあとの昭和53年のことなのです。

個人を破綻処理するための法律そのものも整備されていませんでした。

借金で首が回らなくなった庶民はどうしていたのかというと、夜逃げをするものと相場が決まっていたのです。サラリーマン金融が台頭するまでは、貸金業者の側もまだまだ零細だったため、夜逃げした相手を追い続けるだけの組織力もなく、ノウハウもなく、ましてや信用情報のデータベースという援軍も存在しておらず、結局、夜逃げをすれば、それでなんとかなっていたのです。

当時の人たちが、銀行とは企業相手に貸すものだと思っていたのと同じように、破産という制度もまた、企業や大富豪が対象の制度に過ぎず、自分たち庶民にはまったく無縁な、おっかないものだと考えられていたのでした。

実際、破産の件数は、戦後長いあいだ毎年２０００件程度しかなかったのです。

今では年間13万人（平成20年）もの人が自己破産する時代となっています。現代に生きている人の感覚で、当時の人たちが「破産」という言葉に感じていた重さや忌まわしさを実感することは難しいのかも知れません。

この時代背景の中、過払い返還というのは、長い間、ほとんど脚光を浴びることもなかったのでした。

ところが昭和58年。破産者数が一気に年間２万件近くにまで跳ね上がります。

この頃までに、貸金業者の側は資本とノウハウとを蓄積して強大化し、全国に支店網を拡げる業者も出現するようになりました。安易に借りて首が回らなくなる人の数も急増しますが、専門の徴収部隊を育成してきた全国展開の貸金業者からは逃げきれるものではありません。

夜逃げして、すべてチャラ……という昔の方法では、借金の問題が解決できない時代がやって来ていたのです。

多額の借金を抱え、厳しい取り立てに直面している人たち。なんとか救えないかと法律を調べていた大阪の弁護士が、その時、画期的な方法を発見したのでした。

それまでの破産に関する常識とは、お金を貸していた側が債務者に対して申し立てるものでした。借金をしていた会社が行き詰まった時に、この会社に残されたわずかな財産を現金に換えて、貸し手側のあいだで公平に分配する手続きのことを破産と呼ぶのだ、と、みんなが思い込んでいたのです。

しかし破産法のどこにも「破産できるのは企業に限る」などとは書かれていません。借りている側が自分自身に対して破産を申し立てることだって、別に禁止されているわけではありません。

個人債務者を救う画期的な方法があるぞ！　ニュースは弁護士業界を駆け巡ります。自己破産を申し立て、裁判所の威光を楯に使えば、貸金業者からの強引な取り立てを止めることができるのです。過酷な取り立てに苦しんでいた多くの人たちが、この発見でどれだけ救われたか知れません。

この時点までに、グレーゾーン金利の問題点は明確に認識されるようになってきていました。

皆さんは「破綻の臨界点」の概念を既にご存じですから、上限金利１０９・５％で借りた場合には、毎月の支払可能額のわずか11倍弱のところに破綻の臨界点があるということも分かるし、そんな高い金利でお金を借りることがどれほど危険なことかということも分かると思います。

もちろん貸金業者が零細だった時代、せいぜい夕食代に毛が生えた程度しか貸していなかった頃であれば、破綻の臨界点ははるか彼方でしょう。しかしこれだけの高金利だと、貸金業者が本腰を入れて貸し出しに応じてしまうと、借り手側はアッという間に破綻の臨界点を踏み越えてしまいます。

借金による修羅場とは、破綻の臨界点近く、あるいは臨界点を踏み越えて借り入れをしてしまった人だけが味わう地獄だということも、皆さんはもうご存じですよね。

強大になりすぎた貸金業者に対して、事実上、ほとんど青天井に近い高金利を容認するのは問題が大き過ぎると世論が沸騰します。

こうして昭和58年に貸金業規制法が成立したのです。

この法律によって業者が従うべき規則を厳格に定め、同時に出資法を改正して上限金利を引き下げた代わりに、正規の業者に対して客が任意に払った利息は、あとから取り戻すことはできないと定めたのでした。

これを「みなし弁済」と呼びます。

貸金業規制法の成立によって、過払い返還は封じ込められました。その意味では、お金を借りる側にとって痛い法律だったのですが、貸金業者側に対しても厳格な規制が適用されることになりました。もう野放図な取り立てはできなくなったのです。

また上限金利も段階的に引き下げられ、平成12年には29・2％にまで下がりました。29・2％という年利で借り続けた場合の破綻の臨界点は、1ヵ月の支払能力の41倍ですから、格段に破綻への道は遠くなったのです。

それでも消費者保護を主張する側からは、このような上限金利ではまだまだ高過ぎるという批判が止まることはありませんでした。

ちょうどその頃、商工ファンドという会社が、保証人を追い込むことをビジネスモデルとする貸付を行って、大問題を引き起こします。

世間の興奮が納まらぬ中、続いて消費者金融のアイフルも、過酷な取り立てを行っていることが問題化します。

それでも正規の貸金業者が規則に従って貸し付けている限り、業者は最大29・2％の金利を「みなし弁済」として受け取ることが許されていました。借り手の側とすれば、貸金業者が規則を破っていることを証明できれば、利息制限法の利率で再計算して元金を減らすことができたものの、それ以外の場合には「みなし弁済」の壁に阻まれるという状態が長く続いてきたのでした。

しかし平成18年1月13日。画期的な、というか、およそ法治国家ではありえない判決が最高裁判所で下されたのです。

問題とされたのは「期限の利益喪失特約」というものの存在でした。

この耳慣れない条項はどういうものかというと、お客さんが約束の日に約束のお金を払えない時には、貸していたお金はその場で全額返してもらいますよと記した特約のことです。

銀行でも信販会社でも、およそお客さんに融資する契約には同じ特約が入っているのが普通です。分割払いの期限の日に返済できなければ、残りのお金も合わせて全額を返済しなければならないというのは、お金の貸し借りである以上、そんなの当然のことだろうと、おそらく99%以上の読者の皆さんが納得されるのではないでしょうか。

似たような特約は、たとえばアパートを借りる時でも「家賃を○ヵ月滞納したら、ただちに契約解除する」などというように契約書に入っています。

一方が契約を破ったら、契約を破られた側は無条件で契約を解除して、貸したものを返してもらうというのは当然ですし、損害が発生すれば賠償してもらうのも当たり前です。これは契約社会の基本です。

ところが平成18年1月13日の判決では、契約の中に「期限の利益喪失特約」が入っている場合、お客さんが利子を払うのは、契約を打ち切られるのが怖いから払うんだろう。それは強迫の一種みたいなもので、任意に払ったとは言えないじゃないか。任意に払っていないのなら、払った利息は再計算の対象になるから、過払いがあれば返還するべきだ、と、このように最高裁判所は判断しちゃったんですね。

子供の頃に、約束をするとき、こんな歌を歌いませんでしたか。

「ゆびきりげんまん、嘘ついたら、針千本、飲～ます」

たしかに針を千本飲ませるなどという言葉を見ると、ずいぶんと脅迫的な童謡です。

しかし、しかしですね。

このゆびきりの童謡の意味を、あなたはご存じでしょうか。

「私は小指を切って、それを約束の印として差し出すから、もしもあなたが約束を破った場合には、拳骨で一万発、殴るぞ。針を千本、飲ませるぞ」という意味なんです。

子供にすらも、契約とは何か、約束とは何か。契約はお互いに痛みを伴い、一方が約束を破った時には激しいペナルティーが科せられるんだぞと本質を教えるのが、この童謡の意味なんです。

契約には、契約を破った時のペナルティーが必ずワンセットになっているものです。ペナルティーを予定することによって、お互いを縛り、目的が達成させられるようにする、これこそが契約というものの本質なのです。

約束はするけど、あなたが約束を破ってもペナルティーはいっさいありませんなどというようなものは、そもそも契約ではなく、文学か落書きか鼻紙か何か、とにかくまったく別のシロモノと言うしかありません。

貸金契約に「期限の利益喪失特約」が入っているのは、まさにそれが契約書であるのですから当然なのです。

ところが「契約書にペナルティーが明記されている以上、お客が利息制限法の制限利率を超えて利息を払うのは任意ではなくて強制だ」などと最高裁判所が言い出してしまっては、もはや契約という制度そのものの存在意義を根底から否定することにほかなりません。

なぜこのような判決が出てしまったのか。背景を詳しく見てみましょう。

裁判を起こした貸金業者は、九州で創業し、現在は滋賀県に本社があるシティズという会社でした。平成12年に、のちに被告となる客に対して300万円を貸したことがキッカケだったのです。

この会社は徹底的に法律に従うことを社是としていた会社でした。

お金を貸した時に貸金業者として交付すべき書類も、すべて完璧に法律や金融庁の内閣府令に準拠して整えていたのです。彼らは自分たちが完璧だと信じていたからこそ、問題が発生した時には積極的に裁判に訴えてきました。また実際に裁判になっても、ほとんど連戦連勝、負け知らずの手ごわい貸金業者として知られていたのです。

ところでこの客は、お金を借りてから2年ほどで返済に行き詰まったので、シティズはさっそく裁判に訴えます。客の側も、裁判だから、とにかく何か反論しておかないと、即日敗訴を言い渡されてしまいます。

しかしほとんど反論する余地も見当たらないので、まるで破れかぶれのように、「返済の予定表を受取っていないから無効だ」と主張してみたり（しかし『返済予定表を受け取りました』という署名が証拠として提出されてしまいます）、「領収書の日付が平成12年であるべきところが、印字がずれて印刷と重なり、平成2年としか読めないから無効だ」と主張してみたりしたのでした。

ほかにも、「そもそも金融庁の内閣府令そのものが違法なので、内閣府令を完全に守って貸金業者が書面を作ったとしても、そんな書面は最初から違法に決まっている」という主張とか、さきほどの「期限の利益喪失特約というのは強迫の一種だから、任意に利息を払ったことにはならない」という主張を並べたのです。

このような状況では、一審でも二審でもシティズ側が完勝したのも当然のことだったのかも知れません。

ところでシティズがこの客に貸したのは平成12年のことでしたが、その後、同社は平成14年に大手消費者金融のアイフルの傘下に入ります。

もしかすると、このことが不幸の大きな原因になったのかも知れません。

裁判が最高裁判所に上告された頃、親会社アイフルの行き過ぎた取り立て行為が社会問題化していました。「アイフル被害対策全国会議」が結成され、連日マスコミを賑わし、世論が大騒ぎしていた真っ最中に、この裁判は最高裁で判決の時を迎えようとしていたのです。

とはいえ、もともとシティズがアイフルの傘下に入る前に結ばれた貸金契約なので、アイフルとは何の関係もない裁判のはずでした。借り手側の反論も、ほとんど言いがかりレベルであり、一審二審ともシティズが勝っています。だからこそシティズ側は最高裁判所でも負ける要素などないと思っていたに違いありません。

しかし裁判が始まってみると、最高裁判所の前では、職員の朝の出勤時間を狙って、借り手側が拡声器を使ってアピールを繰り返し、チラシ配りをしたのです。弁護士たちのほか、共産党系の民主商工会からも数十人の動員を受け、示威活動が繰り広げられたのでした。共産党の機関誌「前衛」2007年2月号で、債務者側の新里宏二弁護士が共産党の大門実紀史参議院議員らと鼎談をしている中で、新里氏はこう述べています。

「被害者の声を最高裁に届けようと、二ヵ月に一度くらい最高裁の前で、被害の実態をビラにして配りました。（中略）合わせて三〇回以上、朝八時半に集まってビラをまくという街頭行動をしました。そうしたら、あるとき、書記官から『ビラの余りがありますか』と聞かれるのです。『何ですか』。『いや、裁判官が見たいとおっしゃいますので』と。裁判官はビラを見ているのです」


裁判所というのは、法廷に提出された証拠だけにもとづいて判断を下す義務を負うところです。裁判所の外でどんな演説が行われ、どんなチラシが配られていても、それによって判断を左右されることなど、あってはならないことなのです。しかし、その「あってはならないこと」が現実に起きたのだ、と、新里弁護士は嬉々として告白したのでした。

最高裁は、裁判所であることをやめてしまったのかも知れません。

最高裁の大ホールには「目を閉じた正義の女神像」が飾られています。なぜ女神は目を閉じ、なぜ天秤を持っているのか、ご存じでしょうか。

それは正義の女神が、人の子である裁判官に対し、「見た目で判断するのではなく、真実に耳を傾けなさい」と告げているからなのです。そんな彼女のお膝元の最高裁で、街宣チラシをもとに判決を書くようでは、女神の像など、そろそろ廃品回収にでも出した方が良いのではないかと思います。

多くの人が裁判の仕組みを勘違いしています。

一般の人のイメージの中で、裁判所はみずから正義を探し出してくれる存在だ、と考えているようです。

しかし実際には裁判所自身が先頭に立って正義を探しまわることはありません。チラシを貰いに出てきたりすることも（今回の事件は例外ですが）普通は、ありません。

原告と被告が法廷に出した主張のうち、どちらの言い分が正しいのかを「比較して判断すること」こそが裁判所のお仕事なんです。だから正義の女神像は、手にシャーロック・ホームズの虫眼鏡ではなく、天秤を持っているのです。

最高裁判所は「アイフル＝極悪」という世論の中で、万が一にもアイフルの子会社を勝たせることはできないとプレッシャーを感じていたのかも知れません。しかし裁判とはお互いの言い分を判断する場です。最高裁がどちらか一方を強引に勝たせようと決意したなら、勝たせる側が提出してきた主張を丸ごと採用するしかありません。

そこで、最高裁判所が借り手側を勝たせるために採用した主張こそ、

「貸金業者が書類に書くべき事項を金融庁が定め、業者がその内閣府令を100％守って書類を作り、交付しても、内閣府令そのものが違法なので、業者は有効な書面を交付したこと

にならない」※という判断と、「期限の利益喪失特約が契約書に載っている以上、利息の支払は任意ではない」という判断だったのです。

アイフルの子会社をなにがなんでも負けさせるためには、こんな屁理屈ぐらいしか見当たらなかったのかも知れません。しかしそれは同時に、政府が作るどんな法令でも、最高裁判所はいつでも自由に否定できるのだと声高らかに宣言したことを意味します。

裁判所には法律に従うべき義務があったはずなのに、逆に自分たちは法令を否定したり無視したりできると言うのですから、もはや日本国内に法的な安定はありません。

国民は政府の言うことを信じるな、と言うのです。この国では、契約と強迫行為とは同質だ、と裁判所が認定したのです。政府を否定され、契約社会を否定されて、いったい国民は何を信じれば良いのでしょうか。

全知全能の最高裁が恣意によって支配する原始共産主義社会の実験でも始めようとしているのでしょうか。

およそ貸金契約には、期限の利益喪失特約が付いています。また貸金業者は監督官庁である金融庁の定めに従って書類を作ってきていたのです。つまりこの判決によって、あらゆる貸金業者の「みなし弁済」は完全に否定され、過払い請求が公認されたのです。日本中の法律家たちが、過払いバブルにウハウハと群がる下地は、こうして準備されたのでし

※貸金業規制法施行規則15条２項には「貸金業者は、法第18条第１項の規定により交付すべき書面を作成するときは、当該弁済を受けた債権に係る貸付けの契約を契約番号その他により明示することをもって、同項第１号から第３号まで並びに前項第２号及び第３号に掲げる事項の記載に代えることができる」と規定していた。シティズの領収書もこの内閣府令を100％遵守していたのだ。

た。

法律に従い、利益から税金を納めてきた貸金業者。しかし「裁判所は貸金業者が嫌いだから、貸金業者絡みの裁判なら、どんな訴訟でも貸金業者を負けにしてやる」と最高裁が宣言したことの影響は、遠く本州の北のはずれにも容赦なく及んでいました。

過払い請求で破産した東北地方の貸金業者Ｘ社の本社跡地と元社長のＡ氏

最盛期には支店を約10店舗も擁していた地場の貸金業者Ｘ社が、山のような過払い請求に押しつぶされ、破産に追い込まれたのは平成20年のことでした。Ｘ社の破産の届出債権のうち45％が過払金債権だったというのです。取引先だった１４００社のうち、実に８００社が、過払金を請求して来ていたのでした。
競売に掛けられ、取り壊されてしまったＸ社の本社跡地にたたずみながら、Ｘ社に対する個人保証のために自らも破産の日を待つばかりの元社長・Ａさんは、口を開いてくれました。
Ｘ社は事業者金融の会社でした。銀行が相手にしてくれなくなった業者に対して、リスクを覚悟でお金を貸していたのです。

東北地方は経済の不振が長く続いて来たため、手形割引ならぬ小切手割引などというような需要まであったとAさんは言います。小切手なら、受け取った事業者が自分の銀行口座に放り込むだけで、2〜3日後には現金化されます。それなのに、そのわずか2〜3日の時間すらも待つことができないほどに資金繰りが逼迫した事業者が何社もあって、こういう零細な需要、決して利益を生まない需要に対してもX社は誠実に応えてきていたのでした。

X社は支店網を県内各地に拡げていました。外部の目からは儲かっている証拠のように見えるかも知れないけれど、まったく逆で、そもそも東北では濃密に支店を出さねばならない事情があるのだと言うのです。今、小切手を受け取ったから、すぐにお金を持ってきて欲しいと電話を受けてから30分で現金を持って駆けつけてあげなければダメなのです。それほどまでに取引先は逼迫《ひっぱく》しているのです。

X社も、シティズと同じように、徹底的に法律を守ることを方針としている貸金業者でした。貸出金利についても、まだ他社の平均が40%近かった時代から、年25〜26%に抑えていたのです。法律が変わるたび、最高裁の判例が変わるたびに、それらに沿うように契約を変更していました。それはお客様にとって一方的にメリットとなるだけで、会社にはただ経費と手間と損失ばかりを生むだけでした。

しかしそれでも徹底的に法律は守る。その代わり裁判になった時には徹底的に争うということを堅く方針にしていたのです。

あの「期限の利益喪失特約のある契約は無効だ」という最高裁判決が出て、貸金業界が怒りに燃えていた時ですら、Aさんは、それは仕方がない、出された判決には従わねばならないと社内を説得したのです。そして、誰もが驚く行動に移ったのでした。

「これからは、契約にも、期限の利益喪失特約は入れないことにしよう」

社内の全員が反対しました。そんな契約なんてあり得ないと、皆が口を揃えて言うのでした。

それでもAさんは粘り強く社内を説得したのです。

「だって考えてもみろよ。期限になっても一回分のお金も払えない顧客に対して、全額返せと言っても、絶対に返せるわけがないんだぞ。それなら期限の利益喪失特約なんて、あってもなくても実質的には同じことじゃないか」

こうして平成18年1月に最高裁が驚きの判決を下してからわずか2ヵ月後には、X社は顧客との契約を前代未聞の契約へと切り替えたのでした。

しかし最高裁判決をきっかけとして、世の中のあらゆる法律家たちが過払いバブルに目の色を変え始めてから、訴訟に対して全力で闘う方針のX社の代理人を引き受けてくれる弁護士は、いなくなりました。

狭い地域の弁護士たちは、ほぼ毎日、同じ法廷で顔を合わせる顔見知りです。貸金業者を訴えれば弁護士業界がいくらでも儲けられる仕組みを最高裁が作ってくれたのに、わざわざ敗訴が確実な貸金業者の側の代理人を引き受けようという弁護士は、地域に一人もいなくなったのです。

弁護士の支援を受けられない者が存在することは法の下での平等に反するとして、税金によって支援する「法テラス」が平成16年に作られました。法テラスは「あまねく全国において、法による紛争の解決に必要な情報やサービスの提供が受けられる社会を実現することを目指」すのだと法律には明記されています。

しかしここに、現実に、エアポケットのようにまったく弁護士の支援を受けられないまま裁判に臨まねばならない人たちがいたのです。

もはや裁判所は、貸金業者の訴えなどロクに検討もせず、はなから業者イコール負け、と決めつけるようになっていました。

X社の契約書には「期限の利益喪失特約」も載っていません。徹底的に法律に従い、判例に従っているのです。過払いが発生するような根拠が、どこにもまったくないのです。

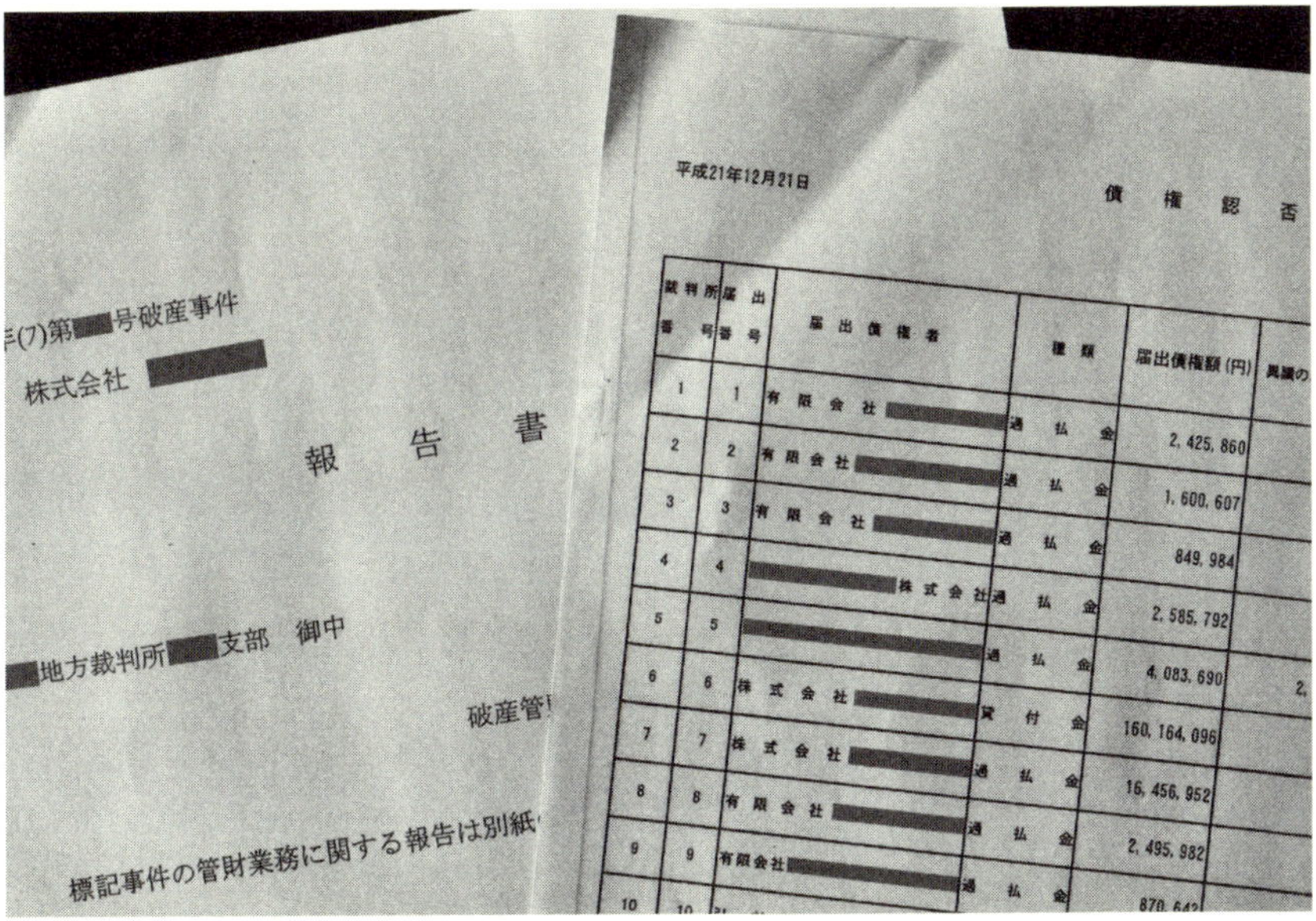

X社の届出債権報告書には、過払金の文字が800社分も並んでいた。

それでも弁護士は一人も味方に付いてくれないし、AさんがX社の法務部の部下と一緒に必死で書き上げた準備書面は、検討すらもされないのでした。

裁判長が和解勧告の席上でAさんに言ったそうです。

「X社さんの言いたいことも分かるんだけどねぇ。だけどここでどんな判決を書いたとしても、最高裁で全部引っくり返されるんだよ。貸金業者は負けることに最初から決まっているんだよ。だからもうここは諦めて、和解に応じたほうがいいんじゃないの」

3年間、闘い続けて来たのですが、ついにAさんは全面降伏するしかないと思うようになったのです。

年利25%であればなんとかトントンでも、年利15%が決まった以上、もはや商売の見通しもありません。

こうして平成20年、X社は破産の申し立てをしたのです。

しかし破産を申し立てたあとも、裁判所はスンナリと破産することすら認めてくれませんでした。

これまでの顧客の払ってきた利息を、X社自身の手によって利息制限法にもとづいて再計算するように命じたのです。

そして、その金額を全顧客に通知し、過払金債権として届けるかどうかの意思を確認するようにと命じたのでした。

まるでX社が裁判で闘い続けたことに対する、裁判所からの意趣返しでもあるかのようにAさんは感じたと言います。

どこからも借りることができず、X社が貸してくれたお蔭で、ほんとうに助かりましたと言っていた顧客の大部分が、過払金債権を届け出てきました。

人間の情なんて、薄っぺらいものだな、と、Aさんはしみじみ感じたのでした。

こうして、東北の片隅で、過払い請求により、貸金業X社は消えて行ったのです。

第四章

ヤミ金と自殺

6万6000円のために男は殺した

破綻の臨界点の考え方を使って、なぜヤミ金が犯罪であるのかを見てみることにしましょう。ヤミ金のビジネスモデルは、一言で言うと、借り主を借金奴隷に突き堕とすことにあるのです。だから卑劣な犯罪並みの懲役刑が法定されているのです。

平成21年10月に、愛知県でヤミ金業者が客に殺されるという事件が起きました（ただし、以下は新聞報道や独自取材の結果をもとにしていますが、筆者が脚色を加えたフィクションです）。

7月にヤミ金から5万円を借りたこの客は、毎週1万円ずつ、合計14万円を利子として支払い続けて来たのですが、ついに払うことができなくなります。

正常な判断力を持っている読者の皆さんの目には、あまりにも不思議で理解不能だろうと思いますが、そういう種類のお金を借りてしまうほどに切羽詰まる人も、この世の中には多く存在しているのが現実なのです。

ところで、ついに払うことができなくなったこの客は、なんとか今週分の支払いを延期してもらえないだろうかとヤミ金に交渉するのですが、逆に「今週分の金利がまだなので、その分を上乗せして、残高は6万6000円だぞ」と言われます。

もはやこれまで。

覚悟を決めたこの客は、まず自分のアパートを解約し、千葉に住む情婦の家に逃亡する準備を整えた上で、アパートにヤミ金業者を呼びつけます。そして、やって来た被害者の首を絞めて殺してしまい、持っていた現金24万円などを奪い、被害者が乗ってきた車に死体を積んで一宮市内の雑木林に捨てたという事件でした。

犯人は、もともとスーパーの正社員として働いていました。ヤミ金から借りてしばらくしたあと、退職に追い込まれています。どんなことが彼の退職のキッカケになったのかは分かりませんが、周囲の人たちからも相当にお金を借り回っていたようですから、かなり追い込まれていたことは推測できますよね。

さて、ヤミ金に手を出さざるを得ないような人の返済能力は、客観的に見れば、ほとんどゼロの場合が多いはずです。とはいえ、周りからお金を借りることができているうちは、本人にしてみれば、自分はまだまだ毎月何万円も返すことができると思い込んでいることでしょう。

この犯人も、無職となった以上、返済能力はマイナス水準なのですが、もしも再就職さえできれば、翌月から5万円ずつ返済する能力が生まれるかも知れません。

そこで思い切り好意的に考え、彼の毎月の返済能力が5万円だったと仮定して、このヤミ金から借りた場合の「破綻の臨界点」を推理してみることにしましょう。

いったい、いくらぐらいが臨界点だと思いますか？

この事件では、ヤミ金から5万円を借りて、毎週1万円ずつ払ってきたわけですが、単利なのか複利なのかがよく分かりません。ただし払えなくなった時点で利子も元本に繰り込んだのですから、週利の複利だろうと推測できます。

毎週20％の複利。これを年率に換算すると、驚くべきことに、利率は年131万％ってことになってしまうんです。

最初、筆者は計算間違いをしたんじゃないかと思って何度も計算をし直しましたが、間違いではありませんでした。5万円借りて、仮に一度も返済しなければ、1年後には借金は6億5523万円に膨れ上がってしまうのです。

従って月5万円ずつ返せる能力がある人が、このヤミ金から借りた場合、「破綻の臨界点」は5万7692円となります。[※1] つまり、一度でも延滞してしまい、複利計算に突入した瞬間に、借りた人間の破綻が確定するというわけです。

6万6000円ポッチで人を殺すか、と、何も知らない・理解力が及ばない・文系の裁判官は判断することだろうと思います。判決の言い渡しの時に「わずかな金のために人を殺すとは何事か」と裁判官が被告に対して説諭するほうに、筆者は6万6000円ぐらいなら賭けてもいいとすら思います。

しかしこの借り主にとって、6万6000円というのは、実は破綻の臨界点を超えてしまった金額だったのです。殺人という手段が許されないことは言うまでもないのですが、この借り主が本能的に「自分の破綻の臨界点」を知っていたという点は、非常に興味深いことではないでしょうか。

昔から「トイチ」金融という典型的なヤミ金がありました。10日借りると1割の利子が付く、という融資形態です。

返済能力が月5万円の人がトイチで借りる場合だと、16万6666円[※2]が破綻の臨界点です。

今回の事件で言うなら、7日で2割の利子ですから、さしずめ「ナナニ」金融とでも称するべきなんでしょう。

このように、ヤミ金から借りた場合には、どれほど返済能力がある人であっても、ただちに破綻の臨界点を超えてしまうことが分かりますよね。

ただし借金残高が5万〜6万円程度の段階では、まさか自分がすでに破綻しているなんて多くの人は夢にも思わないはずです。今回の事件の犯人は、そういう意味では敏感だっ

※1……1年を52週とみなして計算。1年を365.25日とみなすと5万7494円が破綻の臨界点。
※2……1年を36旬とみなして計算。1年を365.25日とみなすと16万4271円が破綻の臨界点。

たのかも知れません。

ですが、破綻の臨界点を超えていれば、利子が利子を呼ぶ死のサイクルに入っているわけですから、まもなく借金残高は数十万、数百万へと爆発して行きます。1年で32倍になるのがトイチ金融、1年で1万倍以上に膨れるのがナナニ金融なのですから。

借りている人が「これはもうムリだ」と実感する時、じつはそれよりもはるか前に、破綻の臨界点を踏み越えてしまっていたのです。

ただし、借り主が「これはもうダメだ」と観念してからでないと、ヤミ金は借り主を「借金奴隷」として意のままに扱うことはできません。

普通の人にとって、おっかないヤミ金から「お前の借金は893万円だ」と言われてしまえば、「ああもうムリだ」と観念するかも知れませんが、借金が6万円の時点では、借りた側は、さすがにまだまだ返せると思い込んでいるはずだからです。

つまり、ヤミ金の商売とは、客をマインドコントロールし、観念させ、借金奴隷に突き堕として儲けるビジネスモデルだと言えるでしょう。

どうあがいても、この借金からは、一生、逃れられない、と、客をあきらめさせ、奴隷とすることがキーポイントだったんですね。

みんな気軽に、臨界点を踏み越えてしまい過ぎます。

ですが、この商売の卑劣さと比べると、ヤミ金の最高刑が懲役10年というのは、まだまだ軽過ぎるように感じるのは、筆者だけではないはずです。

なお、ヤミ金からお金を借りた場合、利子だけでなく元本も返す必要はないという判決が最高裁判所で確定しています。とはいえ、ヤミ金に手を出すところまで追い詰められてしまった人には、こんな情報は何の助けにもならないのかも知れませんが。

遺影は空気を操るため？

最近、日本では自殺者数は増えているでしょうかと質問すれば、おそらく日本人のほぼ全員が、自殺は急増している、と答えることでしょう。

どうして自殺は急増しているのですか、と重ねて聞けば、不況のせいだ、高利貸しのせいだ、派遣切りのせいだ、失業のせいだ、などと、いろんな理由を思いつきで教えてくれるはずです。

これって実は、ニュースやワイドショーなどで「コメンテーター」と称する人たちが適当にしゃべっていたことの受け売りなのかも知れませんよね。

しかし事実はまったく異なるんです。

データを見る限り、ここ10年で自殺者はまったく増えていないのです。

次のグラフを見てください。

日本人の主な死亡原因をグラフにしたものです。

正解は次のページに載せてありますが、ページをめくって正解を急いで見る前に、AからGまでのどれが自殺者数なのか、それ以外のグラフはそれぞれどんな死因なのかを、ま

さて、どれが自殺者数のグラフでしょうか。

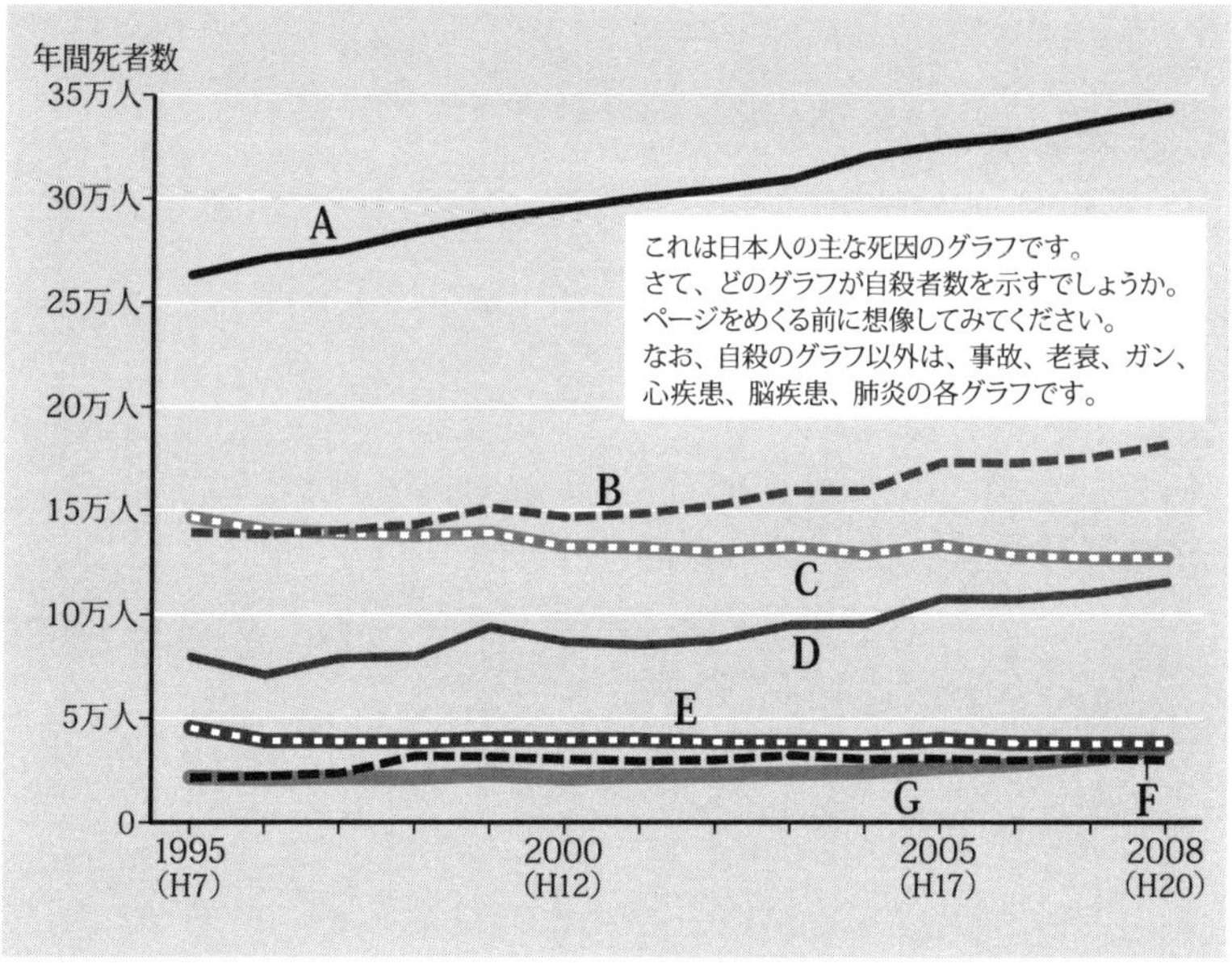

年間死者数
35万人
30万人
25万人
20万人
15万人
10万人
5万人
0
A
B
C
D
E
G
F
1995 (H7)
2000 (H12)
2005 (H17)
2008 (H20)
これは日本人の主な死因のグラフです。
さて、どのグラフが自殺者数を示すでしょうか。
ページをめくる前に想像してみてください。
なお、自殺のグラフ以外は、事故、老衰、ガン、
心疾患、脳疾患、肺炎の各グラフです。

ずは想像してみてください。

自殺という行為は、残された親族友人にだけでなく、広く社会全体に対して強烈な衝撃を与えてしまいます。自殺という言葉は、それだけ心理的なパワーを持っているのです。

このため、誰かが「自殺を防ぐために○○することが必要」と言うと、その言葉が正しいのかどうかを検証しようとするだけで、あいつは冷血漢だといわんばかりの感情的な非難を受けることになりかねないのです。

冷静な議論を封殺し、感情に突き動かされるまま、誰も検証もしていないひとつの結論に飛びついてしまう、そういうパワーが「自殺」を名目にする議論には

内在しているんですね。その結論に反対する人間は、自殺を容認し、人が自殺しても平気な、冷血で悪辣で非道な人間だというレッテルを貼られてしまいかねないからなんです。

さあ、そこで、ほんとうに自殺者は急増しているのかどうか。これが正解のグラフです。

どうでしょうか。皆さんが常識と思っていたことは、どれほど当たっていたでしょうか。

今回の貸金業法を作る議論の過程でも、「自殺が増えている。自殺者を救え。貸金業者が自殺を増やすのだ」などということを黄門様の印籠のように掲げ、自殺者の遺影を並べたりして冷静な議論を行えない雰囲気をかもし出して、特定の結論に誘導した人たちがいるのです。

多重債務者問題を議論していた「内閣府・多重債務者対策本部有識者会議」の全14回の議事録の中で、「自殺」という言葉を、誰が、いつ、何回、口にしたかを筆者がカウントした表（112ページ）を見てください。

議事録の全体で、合計115回、自殺という言葉が出てきます。そのうちの過半数、54％は、たった二人の出席者の口から出てきていたのでした。

いちばん多く「自殺」という言葉を口にしたのは宇都宮健児弁護士でした。全体の実に

正解）実は自殺者数はまったく横ばいです。

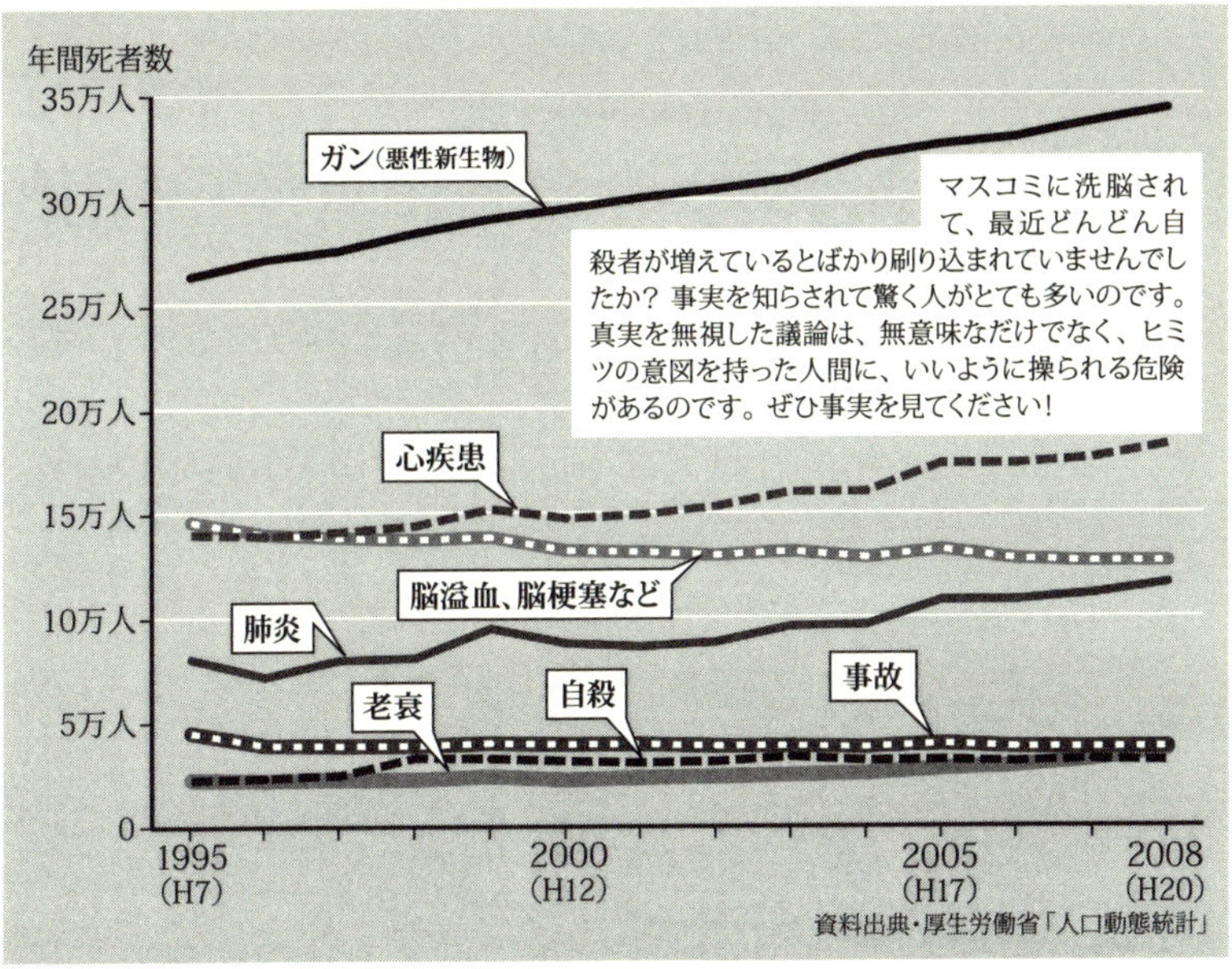
年間死者数
35万人
30万人
25万人
20万人
15万人
10万人
5万人
0
ガン（悪性新生物）
マスコミに洗脳されて、最近どんどん自殺者が増えているとばかり刷り込まれていませんでしたか？ 事実を知らされて驚く人がとても多いのです。真実を無視した議論は、無意味なだけでなく、ヒミツの意図を持った人間に、いいように操られる危険があるのです。ぜひ事実を見てください！
心疾患
脳溢血、脳梗塞など
肺炎
事故
老衰
自殺
1995 (H7)
2000 (H12)
2005 (H17)
2008 (H20)
資料出典・厚生労働省「人口動態統計」

３割にあたる34回も「自殺」という言葉を口にしています。

ほんとうに自殺は増えているのか。このお二人が主張するように、最近、急増しているのか。冷静に検証してみたのがこの表です。

たしかに日本人の高齢化に伴い、年間の死亡者数は右肩上がりに増え続けています。

ところが自殺者数は増えていませんよね。

このため、死亡者数に占める自殺者数の割合は、平成10年に３・５１％であったものが、どんどん右肩下がりに減ってきて、平成20年には２・８２％にまで減少してきているのです。分母が増えて分

有識者会議の場で、誰が「自殺」を乱発したか。

「自殺者を救え」と黄門様の印籠のように持ち出されると、冷静な議論はできなくなる。この表は「内閣府・多重債務者対策本部有識者会議」の全 14 回の議事録の中で、誰が何回、「自殺」という言葉を口にしたかを一覧表にしたものである。自殺という言葉を多用し、情念で会議を誘導したのが誰なのか、一目瞭然だろう。

多重債務者対策本部有識者会議メンバー	有識者会議の開催回と、「自殺」の単語を口にした回数														
	第1回	第2回	第3回	第4回	第5回	第6回	第7回	第8回	第9回	第10回	第11回	第12回	第13回	第14回	合計
宇都宮 健児（弁護士）	1		8			3	14				2		5	1	**34**
本多 良男（全国クレジット・サラ金被害者連絡協議会事務局長）	5		6		2	6					1		8		**28**
野村 修也（中央大学法科大学院教授）			8												**8**
吉野 直行（慶應義塾大学経済学部教授）	2		1										1		**4**
高橋 伸子（生活経済ジャーナリスト）		1								1			1		**3**
池尾 和人（慶應義塾大学経済学部教授）			2												**2**
翁 百合（日本総合研究所理事）															**0**
草野 満代（フリーキャスター）															**0**
佐藤 英彦（警察共済組合理事長）															**0**
須田 慎一郎（ジャーナリスト）															**0**
橘木 俊詔（京都大学大学院経済学研究科教授）															**0**
田中 直毅（21世紀政策研究所理事長）															**0**
松田 昇（弁護士、前預金保険機構理事長）															**0**
山出 保（全国市長会会長、金沢市長）															**0**
金融庁関係者	1		2	2		6		1						2	**14**
参考陳述人		3	2	2					3				12		**22**

（多重債務者対策本部有識者会議・各回議事録をもとに筆者算出。肩書は第1回会議時点のもの）

自殺者数を確認するために拡大してみました。

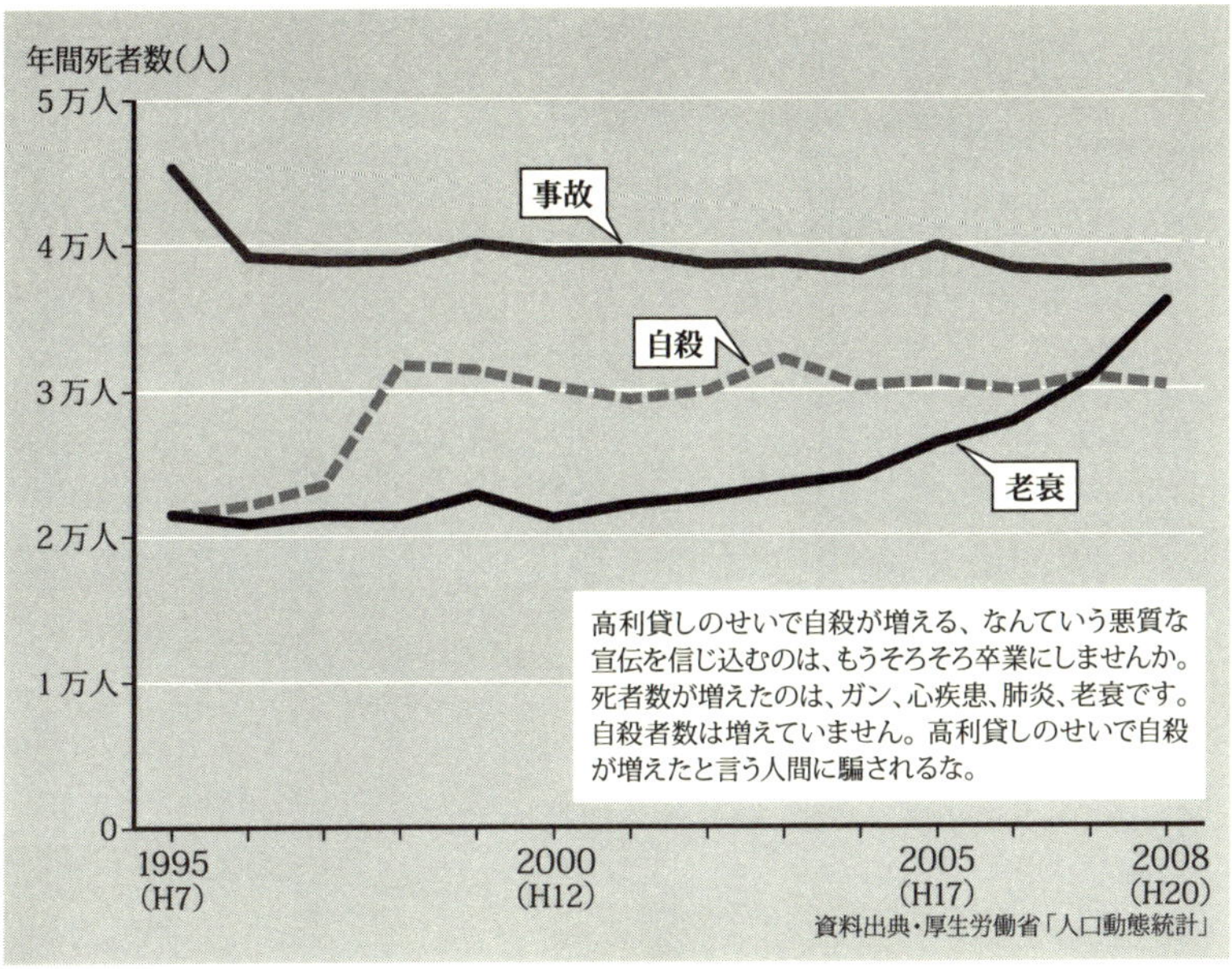

年間死者数（人）
5万人
4万人
3万人
2万人
1万人
0
事故
自殺
老衰
高利貸しのせいで自殺が増える、なんていう悪質な宣伝を信じ込むのは、もうそろそろ卒業にしませんか。死者数が増えたのは、ガン、心疾患、肺炎、老衰です。自殺者数は増えていません。高利貸しのせいで自殺が増えたと言う人間に騙されるな。
1995 (H7)
2000 (H12)
2005 (H17)
2008 (H20)
資料出典・厚生労働省「人口動態統計」

子が横ばいなのですから、この結論こそは当然です。

しかし読者の皆さん。自殺のピークは約10年前で、そこから徐々に下がってきているという話は、まったく初耳だったのではないでしょうか。

一方で、貸金業法にからんで、金利さえ下げれば自殺も減るという説が唱えられることもよくあります。

きちんとデータで検証してみましょう。

平成12年5月以前は、貸金業者の上限金利は約40％。さらに平成3年10月以前は54・75％だったのです。上限金利は戦後一貫して引き下げられ続けて来ており、平成12年6月には上限金利が現在の

29・2％にまで引き下げられたのですから、今よりも圧倒的に金利が高かった昔には、さぞかし自殺者数も多くなければ理屈が通りませんよね。

ところが、左上のグラフを見れば一目瞭然。上限金利と自殺の間には、関係らしい関係などまったく見ることができないのです。

自殺者数と密接な関係があるのは、失業者数です。失業者数が増えると自殺者数も増える。左下のグラフを見れば一目瞭然でしょう。失業と自殺が相関関係にあることは、世界中どこでも見られる現象です。失業率が上がれば自殺者数も増えるのです。

失業というのは不景気の結果ですから、因果関係としては「不景気になるから自殺が増える」と読むのが、このデータの正しい解釈になるはずです。

一方、自殺率と上限金利との間には、まったく因果関係も相関関係も認められません。貸出金利が下がれば自殺者が減るなどという主張は、申し訳ないがまったくデータの裏付けがない、良く言えば思い込みに過ぎないのであり、悪く言うなら「悪質きわまりないデマ」なのです。

いみじくも有識者会議の席に自殺者の遺影が並べられたり、あまりにもミクロ的で個別情緒的な話ばかりが堂々巡りのように繰り返され、きちんとしたデータにもとづく議論がいつまで経っても始まらないことに対し、これでは議論とは呼べないとして、委員の池尾

実は、貸金業の金利と自殺率とは無関係なんです。

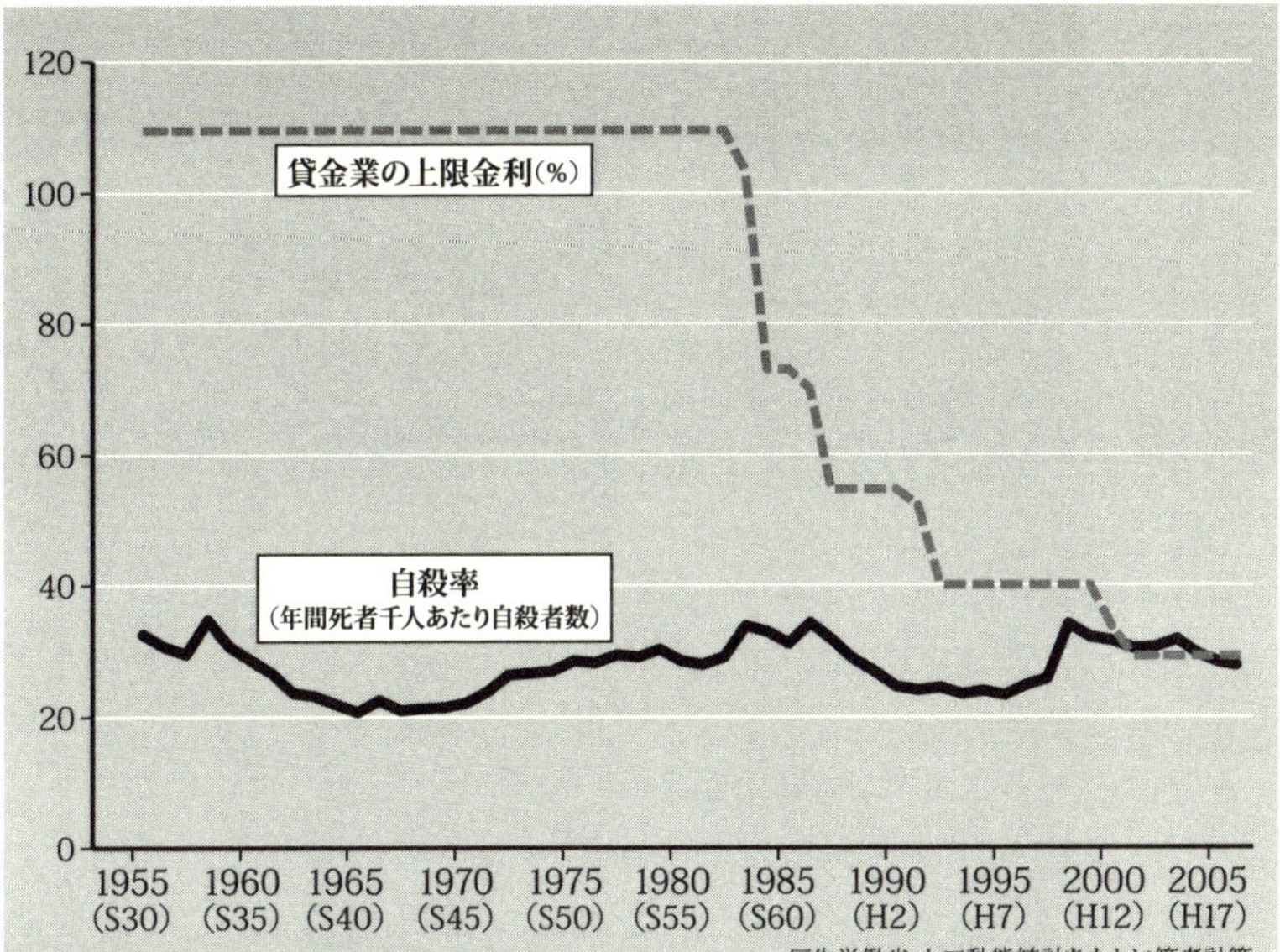

120
100
80
60
40
20
0
貸金業の上限金利(%)
自殺率
(年間死者千人あたり自殺者数)
1955 (S30)
1960 (S35)
1965 (S40)
1970 (S45)
1975 (S50)
1980 (S55)
1985 (S60)
1990 (H2)
1995 (H7)
2000 (H12)
2005 (H17)

厚生労働省・人口動態統計をもとに筆者計算

失業者数が増えれば自殺も増える!

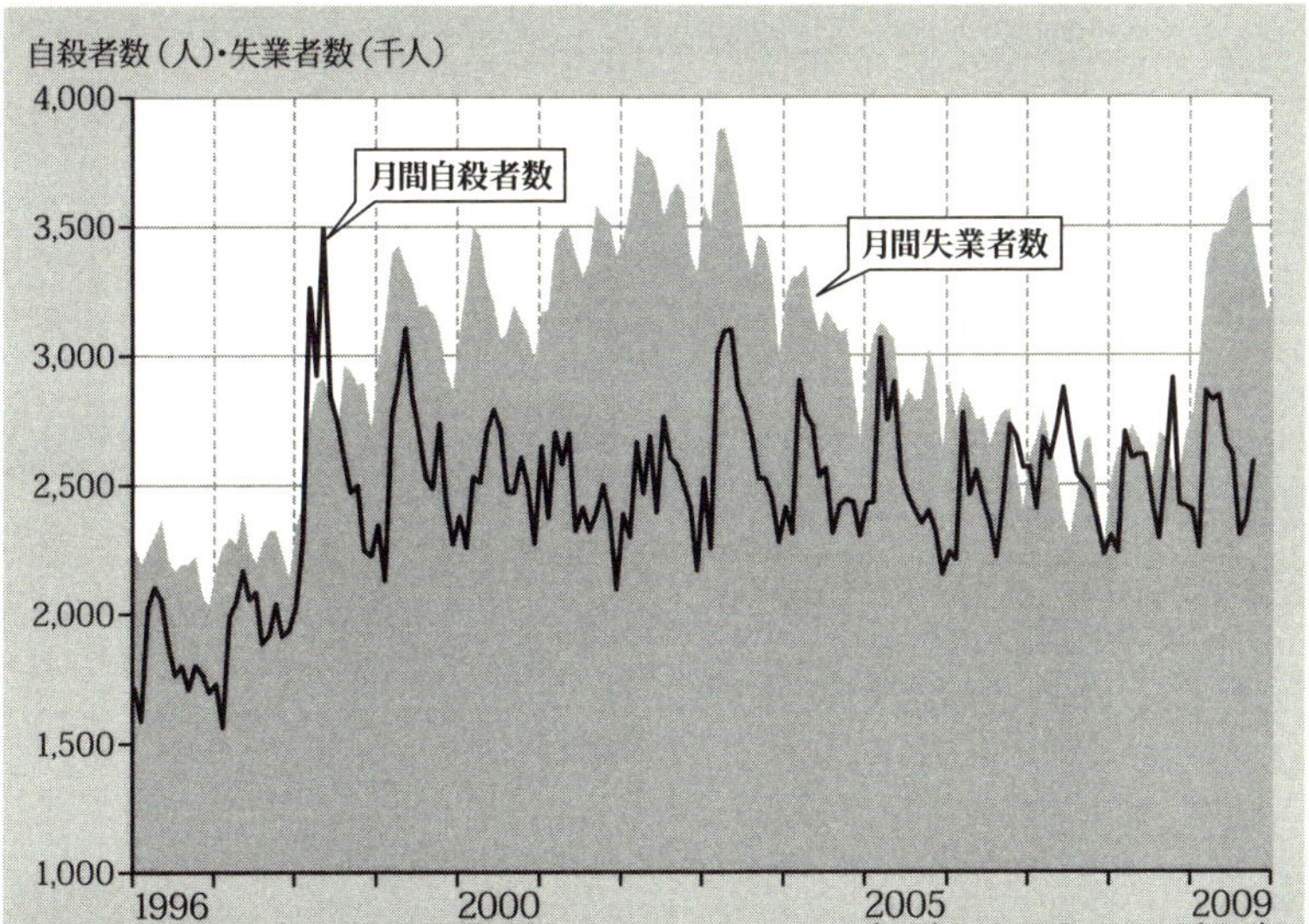

自殺者数（人）・失業者数（千人）
4,000
3,500
3,000
2,500
2,000
1,500
1,000
月間自殺者数
月間失業者数
1996 (H8)
2000 (H12)
2005 (H17)
2009 (H21)

アルファ社会科学株式会社「社会実情データ図録」（http://www2.ttcn.ne.jp/honkawa/index.html）より

和人教授（慶応大＝経済学）が怒りを爆発させるシーンすら見られます。もちろん、そんなデータが存在するはずがありませんから、ついに提出されることはありませんでした。かくて池尾先生の怒りも収まることがない、というわけです。

「自殺者を救え」という誰も心理的に逆らうことができない黄門様の印籠によって会議の空気を追い詰め、あらゆる反対論を情念の力で封殺してきたのに、その根拠がまったく間違いだったのなら、いったいどうすれば良いのでしょうか。

きちんと、科学的な根拠にもとづき、冷静に議論を行い、もう一度、最初からやり直すべきなのです。思い込みやその時の気分だけで判断したことで、国民がとんでもない罠に突き落とされてしまう。そのツケは、今年6月18日に牙を剝くでしょう。

第五章

踏みにじられる国会決議

カウンセリング体勢は穴だらけ

ここまで見てきた新しい貸金業法ですが、その実施にあたっては、衆議院と参議院がそれぞれ条件を付けています。これを附帯決議といいます。

実は衆参両院の附帯決議を並べてみると、中身はほとんどウリ二つです。まるで誰かが「こんな附帯決議を付けてみればいかがでしょうか」と用意した下書きを、そのままそっくり決議文にしちゃったみたいな感じです。

とはいえ、二つの附帯決議とも正式な国会の決議です。法律そのものではありませんが、少なくとも政府はこれを尊重しなくてはいけないことになっています。それだけの重みを持っているのです。

附帯決議のうち、私たち一般市民にとって関係が深いのは、以下の3点です。

① 債務者に対するカウンセリング体勢を整えること
② 学校教育のカリキュラムできちんと教育すること
③ セーフティネットをきちんと整備すること

いずれも両院が決議するのも当然なほど、重要な条件ですよね。

国会が附帯決議によって求めた約束を、政府・金融庁は果たしているのかどうか。貸金業法を実施するための前提はどうなっているのかを見てみたいと思います。もしも附帯決議の実施がまったく不十分なままなら、そのような状態で法律を施行することは許されるべきではないからです。

着目点その①★債務者に対するカウンセリング体勢を整えること

「地デジのCMは、あれほどの予算を注ぎ込んで大量に流れていますよね。それなのに、同じく日本中の消費者に大きな影響がある総量規制のことを、ほとんど一般の人は何も知らないままです。金融庁は3年以上の間、いったい何をしていたのでしょうか」と言うのは、女性のための債務相談を行うNPO法人・女性自立の会の有田宏美理事長です。

有田さんは、かつて純資産15億円のホテルチェーンを経営するご両親のもと、なにひとつ不自由なく暮らすお嬢さんでした。しかし会社は連帯保証に引っ掛かり、一瞬のうちに破綻します。破綻のさなか、銀行の二枚舌に乗せられて多くの友人知人に迷惑を掛けたと言って父親が自責の念から入水自殺するところまで追い詰められた経験を持つ女性なのです。

「宇都宮健児先生が同郷なので、お電話したんです。一面識もなかったけど、どうか助けてくださいと。そうしたら相談は2ヵ月待ってくださいと言われたんです。2ヵ月も待てない。その直後です。父が入水したのは」

幸い発見が早く、父親は一命を取り留めたのですが、もうこれ以上、同じ経験をする人たちを作りたくないという思いから、有田さんは女性自立の会を立ち上げたのでした。

困っている人は2ヵ月も待てない。だから、今日、困っている人が来たら、今日、まず話を聞くことがなによりも重要だと有田さんは言うのです。

有田さんのもとには、支えを必要とする女性たちからの悲鳴のような訴えの電話が、毎日何本も入ります。親兄弟とも連絡を取れず、こんな愚かなことをしているのは自分だけだと思い込んでいる女性たち。借金があるので恋もできない。心の中で泣きながら自分だけを責めている人たち。

その一人一人の訴えに対して、心に寄り添い、支えて行くことでしか、個人の再生はありえないのだと有田さんは言います。

相談の件数は、総量規制の実施が近づいて、明らかに増えたと言います。収入証明を貸金業者から求められても出せない女性たち。出してしまったらご主人にバレてしまう。きちんと返済しているのに、どうして貸してくれなくなるのかと混乱しながら電話を掛けてくるのです。

「40代のご夫婦で、10年前にご主人に浮気された経験がある女性からの相談を受けました。奥さんには『自分がいつもきれいでなければならない』という強迫観念がつきまとい、いつしか借金が500万円になってしまって、どうすればいいかわからないと混乱しているのです。

打ち明けると嫌われる。嫌われたらもう二度とやっていけない。このままでは離婚されてしまう。絶対にご主人には言いたくない。どうすればいいんだろうか。彼女の気持ちは悲痛でした」

カウンセリングは5回にのぼりました。やがて彼女も、ご主人に打ち明ける以外に方法はないと頭では理解できるようになります。しかし、どうしても面と向かって打ち明けることができないのです。

そこで、有田さんはとっておきの方法を彼女に伝えました。

すべてを告白し、心からお詫びする気持ちを手紙に書き、それをご主人のカバンの奥に潜ませておくのです。そしてご主人が出勤し、仕事が始まる直前を見計らってメールを送ります。カバンの中に手紙があるから、読んでほしい、と。

ご主人は初めて手紙の存在に気がつき、読んで困惑し、怒ります。しかしそこは会社のオフィス。怒り続けることはできません。時間が経ち、家に帰って来る頃にはご主人も冷静さを取り戻します。そして、自分にも落ち度があったと言って彼女を受け入れたのです。

有田さんの経験では、女性が黙って多額の借金をしていた場合、ご主人に告白し、心から詫びたなら、どこのご主人でも必ず奥さんを許し、いっしょに立て直そうと言ってくれるということでした。有田さんの知る限り、これまで奥さんが借金を告白して離婚騒動に発展したことはなく、必ずご主人は奥さんを守ろうとする。それこそがきっと男性というものの本質なのだろうと有田さんは語ります。

「このケースでは奥さんの借金の規模がかなり大きかったので、最終的には奥さんが個人再生の道を選ぶことになりました。弁護士の先生に面会するのも気が重そうなので、私が同伴して行きました。でも、最後までご主人は奥さんを支えて行ってくれたんですよ」

男性が奥さんに隠れて借金をしているような逆パターンだと、奥さんはサッサと離婚するケースも多いんですけどね、と有田さんは笑います。

有田さんも言うように、多重債務者を、ただ単純に法的処理するだけでは意味がないのです。

多重債務とは心の問題。だから相手の心に寄り添うことなしには、決して最終的な解決を見ることはできないのだ、と有田さんは言うのでした。

有田さんだけでなく、カウンセリングの現場で頑張っている人は、筆者が取材した限り、みんな同じ一つのことを言うのです。それが非常に印象的でした。

「多重債務は、心の問題だ」と。

はるか他県から、多重債務者がわざわざアパートを借りて転入してくる町があります。多重債務者が逃げ込めば、町並みが迷路みたいで借金取りが相手を見失う……という外国映画もありましたが、それとはまったく話が違います。

その町には、多重債務で苦しんでいる人たちの問題を解決に導く地力があったからなのです。

金融庁の多重債務者相談マニュアルのお手本にもなった消費者対応の最先端の地、岩手県盛岡市。現実に今も、3家族が助けを求めて盛岡市に転入して来ているところだと言います。

盛岡市消費生活センター

人口30万人の盛岡市の消費生活センターでは、13名の相談員と４名の行政職員という手厚い態勢で消費者対応をしています。何事によらず困った市民は、予約も不要、飛び込みで相談に来ることができるのです。盛岡市民でなくても相談に通って来られる人であれば、誰にでも分け隔てなく対応をするのがポリシーだと吉田直美主査は言うのでした。

「市民の生活を再建することが目標の１００点とするなら、借金がなくなるということ自体には20点ぐらいの意味しかないと思います。普通の役所は、市民の話は聞いてくれても、相談者の心に寄り添ってくれることはありません。だから私たちは、徹底的に市民に寄り添う行政を目指したのです。徹底的に話を聞き、相談を繰り返し、多重債務で苦しんでいる人なら、そこから脱出できる方策をいっしょに探り、手助けをするのです」

普通の行政をやっていても、感謝の手紙など受け取ることはめったにないから、市民から感謝の手紙が何通も送られてくる行政窓口というのは、行政職冥利《みょうり》に尽きると吉田さんは言います。

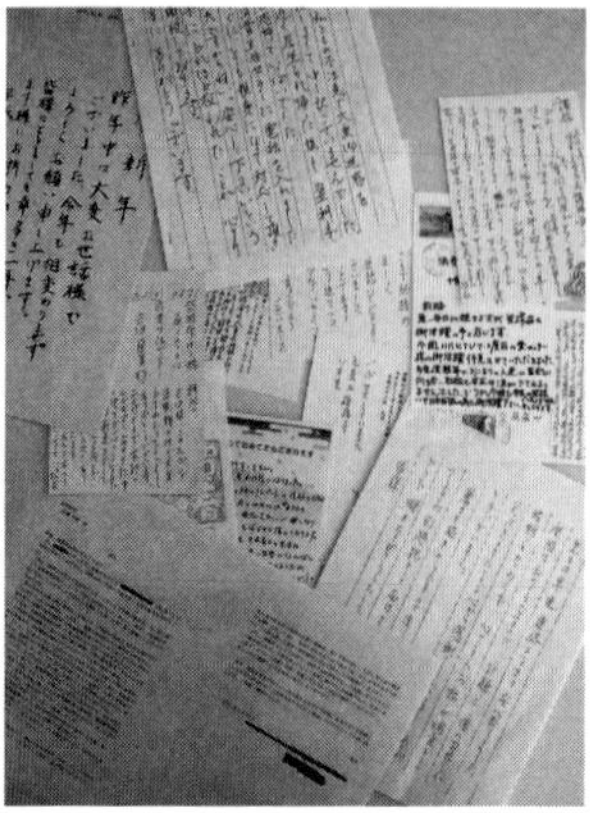

これは再計算によって債務ゼロとなった30代男性からのお手紙です。

「昨年中はたいへんお世話になりました。クレジット６社の債務の相談をし、生活は楽になりましたが、決してぜいたくな生活はしないよう心がけて毎日を過ごしております。ほんとうにありがとうございました」

借金で生活するというやり方は、やめにしましょう。これが盛岡市の目指すところ。借金は単に金額の問題ではなく、利率の問題でもなく、利用者の心の問題であるというところまで掘り下げて、まさに臨床心理的なカウンセリングが必要とされる場なのだなと感じさせられるのでした。

他県から多重債務者が転入してくることは、裏返すと、近隣の自治体には多重債務者が望むようなソリューションが備わっていないということでもあります。

債務者には、①多重債務者と、②多重債務者の予備軍と、③貸金業者から借りているけど何の問題もなく返済している健全な債務者、の３種類の人たちがいます。

現在、①の多重債務者だけが注目され、金融庁のマニュアルによって、対応策はいちおう完成していると吉田さんは言います。しかし６月に貸金業法が完全施行されてしまうと、総量規制によって②の多重債務者の予備軍だけでなく、③の健全な債務者のうち半分程度が貸金業者からの資金繰りに困ってしまうという推計がなされています。この５００万を超える人たちが、一斉に困惑して、相談窓口を求めて押し寄せる時に、①の対応方法しか知らない法律家たちや、そもそも対応方法を実地で経験したこともない大多数の自治体の窓口で対応できるのでしょうか。

債務者に対するカウンセリング体勢を整えることは、自治体の仕事であると言って、金融庁は責任逃れをしているのですが。

「限りなく見通しは暗いのではないでしょうか」

吉田さんは言います。

「各地の自治体から私たちの現場を視察に来る行政職員はいますが、まず99%が市長の命令で来ているだけです。命令されて来ているだけだからモチベーションが違います。自分から学びたいと手を上げて視察に来た行政職員は、片手で数えるほどしかいません」

金融庁のマニュアルにも、盛岡市のやり方が多重債務問題へのお手本として掲載されています。盛岡市の側でも、もしも他の自治体から職員が研修に来れば、それを受け入れるための態勢も、予算の準備も整えてあるそうですが、しかし、どこからも来ない。

「困っている消費者の側に行政が立つという考え方、消費者行政に携わる者としての『波長』を体得してもらうために、少なくとも1ヵ月以上は研修に来て欲しいと思っています。解決方法は定型化できないからです。できれば1年間、こちらに『留学』をしてもらえれば、かなりの水準まで対応できるようになると思いますが」

ゆくゆくは消費者行政大学のようなものを作って、消費者行政に携わる若い行政マンを鍛え上げたいとも吉田さんは言っていました。

しかし、盛岡市に住む30万人の市民だけが日本国民ではありません。

1億2000万人の国民のすべてにキチンとしたカウンセリング体勢を整えておくことは、すでに完成していなければいけない金融庁の義務ではなかったのでしょうか。

しかしこの期に及んでも、金融庁は一銭の予算も付けず、債務者カウンセリングは自治体で勝手にやれ、金は出さないけど、というのです。地方自治体に素手で6月の津波に立ち向かえとでも言うように。

盛岡市の吉田さんは心配していました。

「6月の大津波が来ることは何年も前から見えていたのに、なにもしないままでここまで来てしまった。いったいどうなるんでしょうね」

教科書は「わずか数行」

車を何年も運転していれば、おそらくほとんどのドライバーの方が、目の前を全速力で横切るネコに遭遇して、ドキッとした経験をお持ちだと思います。ドキッとするだけではなく、実際にネコを轢《ひ》いちゃった人も、中にはいるかも知れませんね。

路上にあれほど多くのネコの死骸が落ちていることを考えると、ネコという動物は、道路を横切ることについての危険性を、自分の頭の中で過小評価している動物だと考えなくてはならないのかも知れません。彼らは車の危険性について正しく評価できないから、危ないとも思わずに道路を突っ切るのでしょう。

逆に、轢かれた犬を見ることは、ほとんどありません。きっと犬は、道路を横切る危険性をきちんと正しく評価できる動物なのだろうと思います。

客観的に見れば、道を横切る時にいつも危険を冒しているネコ。でもネコ自身にとっては、道路を横切るたびに「今回も大丈夫だった」と成功体験だけが自分の中に蓄積されて行き、道路は安全なものだという間違った知見を積み重ね、そしていつか轢かれてしまうのです。

ネコは他のネコが轢かれているのを見ても決して学習しないから、轢かれるネコが後を絶たないのでしょう。

学習する能力がない者に学習させることは不可能です。この点、われわれ人間はネコとは違い、言葉と理性を持っています。

多重債務問題を考える時、人間という生き物は、「破綻の臨界点」を踏み越えてしまっても、その瞬間に特に危険を感じない点が悲劇の大きな理由だと、筆者は繰り返し述べてきました。ちょうどネコが車の怖さを感じないのと同じように。

だからこそ、小さい子供の頃から、金利とは何か、複利計算とはどういうものかを学習させて行かなくてはならないのです。

着目点その②★学校教育のカリキュラムできちんと教育すること

今の学習指導要領を見ると、多重債務問題について、自分の頭で考えて納得させるという発想がまったく欠落しています。子供に頭を使わせる代わりに、「危ない！　手を出すな!!」と頭ごなしに注意するだけなんですね。

しかも多重債務問題は小学校でも中学校でも教えません。高校の、表現は悪いが傍系学科の家庭科や公民科というような科目の中で、しかも教科書にはわずか数行、さらっと書かれているだけなのです。

ためしに実教出版の公民科教科書『新版　現代社会』から、該当する部分を引用してみます。

「多重債務と自己破産
近年、さまざまな種類のカードの使用がひろがり、それらによって安易に商品やサービスを購入したり、また広告・宣伝によって手軽さが印象づけられた消費者金融から無計画に資金を借り入れたりして借金を重ね、返済困難におちいる消費者が増えている。こうした多重債務者や自己破産が急増しており、社会問題化している」(92ページ)

これだけでオシマイです。

わずか4行の文章だというのに、読んでいて眠たくなりませんでしたか?

まるで、「タバコを吸うな。酒を飲むな。不純異性交遊をするな」と頭ごなしに決めつける大人の小言にそっくりですね。

読者の皆さんは、たぶん昔、高校生だったことがあるでしょう。

公民科の教科書の真ん中のほうに、このような記述がチョロッとあったとして、それで多重債務に対する教育は十分だという意見に賛成できますか?

全員が分かっているはずです。こんなもの、ほとんどの生徒は飛ばしてしまうということを。

文章そのものも、ジンバブエかどこか遠いところで発生した、自分にはまったく無関係な出来事みたいに無味乾燥な現象の解説に過ぎませんよね。

これだけの記載を材料にして、生徒が単利と複利の違いを理解し、リボ払いとは何かを学び、破綻の臨界点を計算できるようになり、多重債務が心の問題と密接に関係していることを学び、もしも多重債務に陥った時にはどのように対処すれば良いかを学べるのでしょうか。

1億ジンバブエドルを賭けてもいい。

ムリに決まっています。

こんなの、単なる文部官僚の言い訳作りに過ぎないのです。

教育をしたことにはなりません。

たとえば「タバコを吸ってはいけません」といくら子供に言ったところで、隠れて吸う奴は吸うのです。だって大人になればタバコは合法なのですから。

それと同じで、「お金を借りてはいけません」といくら言っても、借りることは合法です。

お金を借りることの意味を「すべての子供」が自分の頭で自発的に納得し、理解できるような教育でない以上、多重債務を防ぐための教育が完了したとは判断できないはずでしょう。

実は、現在の学習指導要領でも、ほとんど手を加えることもなく、多重債務問題について、きちんと全員に教えることが可能なはずなのです。

算数と数学のカリキュラムの中で、お金の問題、運用の問題、借金の問題についての学習を義務付ければ良いのです。もちろん入試にも、どんどん出していただきたいものです。

まず小学校5年生の算数でパーセントを学ぶことになっています。この時に、単利とは何かについて、なぜ勉強させないのか、筆者にはまったく理解ができません。指導要領に「パーセント、単利」と追加するだけで済むはずなのですから。

子供たちも、無味乾燥だったパーセントの概念を学ぶ時に、自分の財布と密接に関係のある利子の計算の方法を学んで、きっと目が輝きだすことでしょう。

中学1年生の数学で、一次方程式を勉強します。単なる概念としてだけでなく、お金の世界に引きずり降ろして理解を深めてやるべきです。この本の中で何度も触れてきた「破綻の臨界点」も、計算は単純な一次方程式。中学1年生で、ぜひとも学習させるべき項目

パーセントを教えるなら銀行の利息や借金の金利についても教えればいいのにな〜
え〜〜
100万円をトイチで借りると1カ月後の借金は……
先生もちょっと楽しそうだし

でしょう。

複利の計算も学習させることができるはずです。

今では、数学の授業中に、電卓を使用することが認められています。

年利18％の複利で元利がどう増えるかは、1・18×＝＝＝……と、＝ボタンを押すごとに1年分の元利が増えていくのを生徒に実感させれば良いのです。しばらく＝ボタンを押し続けていると、途中から爆発的に数字が膨らむ。こういう電卓遊びを、読者の皆さんの多くは経験したことがあるでしょう。

そう。

電卓の＝を押すごとに元利がどんどん膨らむあの様子を、子供たちの全員に体感させることこそが、きわめて重要なことなのです。

銀行預金の場合なら、1・0005××＝＝＝……と、＝ボタンを押し続けても、何百年経っても2倍にもならない。低金利時代とは何か、年利18％の複利の効果とは、どういうものなのか。主要科目である数学だからこそ、生徒に教える意味があるのです。

最後に、リボ払いと「破綻の臨界点」についての勉強です。

リボ払いの基本式は、やや専門的になるのですが「定数係数線形隣接二項間漸化式」というものです。

そんなのワケがわからないと文系の官僚たちは初手《しょて》から思っているのかも知れませんが、実は高校2年の数学Bと高校3年の数学Ⅲで学んでいるんですよ。

ちゃんと学習指導要領に明記してあります。

だから、指導要領で「この漸化式がリボ払いの基本式であると教えること」と付記しておくだけで、まったく世の中は変わるはずなんです。

リボ払いとは何かについて、数学Bや数学Ⅲで徹底的に勉強しておくことが生徒たちの将来の人生をどれほど豊かにするか、知れないではありませんか。

数学なんか勉強したって社会に出ても何の役にも立たないと、大人は言うものです。でも実際は、ほんとうにとんでもない意見だと思います。

これほど役に立つことを子供たちが現実に現在も勉強しているのです。それを実生活から慎重に切り離し、無菌化し、つまらなくしているのが学習指導要領の欠陥だと、筆者は嘆かざるを得ないのです。

多重債務問題の基本となる計算を、数学のカリキュラムの中で、生徒それぞれのレベルに応じて学べるように、学習指導要領をほんのちょっと修正すべきではないでしょうか。

子供が、単利とは何か、複利とは何か、利率と利回りの違いは何か、リボ払いとは何か、破綻の臨界点とは何かを勉強した上で世の中に出てくることは、恐ろしいことなのでしょうか。それとも子供たちの実生活に必要不可欠なことでしょうか。

せっかく内閣府の多重債務者対策本部有識者会議に文部科学省の人間も顔を出していたのに、なぜこれしきのことすら彼らに約束させられなかったのかと、筆者は歯噛みする思いがしているのです。

多重債務問題を考える時、相手に言われるままに払い続けるだけの人間を大量生産するだけの現在の教育のやり方など、単に不要であるだけでなく、危険きわまりないものだと筆者は考えています。

押し付ける、覚えさせるだけの教育など、そろそろ捨て去るべき時ではないのでしょうか。

文部科学省の人間たちが主張していたような、家庭科や現代社会などで「社会現象」として教えれば良いという考え方が、徹頭徹尾、間違いであり、役人たちの言い訳にすらなっていないことを指摘しておきたいと思うのです。

子供たちが単利と複利の違いを理解し、リボ払いとは何かを学び、破綻の臨界点を計算できるようになり、多重債務が心の問題と密接に関係していることを学び、もしも多重債務に陥った時にはどのように対処すれば良いかを学べる学校。そこまでの体制を整えることを、国会決議は要求していたのではないのでしょうか。

セーフティネットは絵に描いたモチ

着目点その③★セーフティネットをきちんと整備すること

国会決議が求めているセーフティネットというと、すぐに貸付のことだと金融庁も法律家も考えるようです。しかしこれは非常に危険な話です。

そもそも収入が少なく、返済能力が乏しい人に対して、名前がセーフティネットだろうが何だろうが、お金を貸してしまうことに意味がないということは、もう皆さんはお分かりですよね。返済能力が乏しい人を救うためには、生活保護や失業保険に代表されるような「公的扶助」でなければならないのです。ずっと低収入あるいは無収入という人にお金を貸すことはモラルハザードを助長するだけで、有効でもないし、意味もなく、方法として誤りと言うしかありません。

セーフティネット貸付が有効なのは、突然、失業したとか、急病や事故やケガなどで一時的に急激に収入が落ち込んだ人に対してです。貸金業者はお金を貸すことに二の足を踏むだろうけれど、こういう人に対してこそ政府や自治体がリスクを覚悟して貸付をする意味があるのです。

ところが、役人の頭の中では公的扶助とセーフティネット貸付とがまったく混同されてしまっているため、セーフティネット貸付に、とんでもない条件が付いています。

厚生労働省の生活福祉資金貸付の条件を見ると、困窮していて前年の住民税が非課税の世帯が対象となっているのです。

前年からすでに住民税も払う必要がないぐらいに低収入の人たちとは、そもそも貸し付けてはならない層のはずです。前年まではずっと税金を納めてきたけれど、突然、収入が激減したという人に対してこそ、セーフティネット貸付は有効なのです。ところが本来、いちばん対象にしなければならないはずの層がすべて対象から外れるような条件を付けているのですから、論外と言うしかありません。

国会が貸金業法の完全実施のために求めた条件に対して、金融庁は、実質的にはなにもやっていないに等しいのです。にもかかわらず、貸金業法の完全施行だけは、強引に押し進めようとしています。

その結果に対して、金融庁や法律家たちは、どう責任を取るつもりなのでしょうか。

決して食えない絵に描いたモチを与えられてコケにされた国会も、このまま黙っているのでしょうか。ナメられていることにすら、国会は気づいてないのかも知れませんが。

第六章

借金の先に「明日」が見える

誰も言わなかった債務整理術

自分の稼ぎだけでは毎月の返済額に追いつかず、新たに借金もしているのなら、それは借金の総額が臨界点を超えてしまったサインです。なんとかしないと、傷口はどんどん大きく化膿する一方です。

では、どうすれば良いのでしょうか。

インターネット上には、法律家目線のページが山のように見つかります。

しかし法律家たちが情報を発信しているのは、いわゆる過払い請求を希望する顧客を見つけるためという側面も否定できないところでしょう。

釣り針の先に付いているエサがどれほどおいしそうに見えたとしても、それをパックリ食べる前に、ちょっと待てよ、と立ち止まって考えてみる知恵が必要ですよね。私たちは釣られる一方のお魚さんではないのですから。

弁護士や司法書士に介入してもらった場合、あなたの個人信用情報には傷が付きます。そのことを法律家たちがお客さんに対して十分に説明して来なかったことで、これまでトラブルがいくつも発生して来ました。

法律家にとっては、借金の傷が比較的浅い人が自分の力だけで立ち直っても、それでは自分たちの儲けになりません。だからネット上に法律家が並べている情報をどんなに探したところで、自分の力で立ち直る方法について詳しく説明するページがほとんど見当たらないのも当然なのかも知れません。

しかし、もしもあなたが借金の返済を延滞しておらず、借金の痛手がまだ軽いうちなら、法律家に頼らず、自分の力だけで立ち直る方法だってあるんです。延滞していなければ、貸金業者からの取り立ても来ませんので、「取り立てを止める力」という法律家の切り札にも意味がありません。こんな時に法律家に頼んでしまうと不用意に自分の信用情報を悪化させてしまうだけで、あとで困ることになるかも知れないのです。

そこでこの本では、法律家にお願いすべきケースだけでなく、自分の力で生活を立て直すやり方についても、破綻の臨界点の理論によってスッキリと説明してみたいと思います。

さて、何度も繰り返しになりますが、破綻の臨界点を決めるのは、金利水準と、自分の支払能力の2要素だけでしたよね。

そこでまず自分の破綻の臨界点を把握するために、自分の支払能力と、借金の金利水準とを把握することにしましょう。

カウンセリングの窓口で相談すると、ここで「ではこれから家計簿を付けてみましょうね」と指導を受けることになります。

もちろん家計簿を付けることは、自分の生活費を把握し、生活設計をするための良い習慣です。とはいっても、これまで家計簿を付けていなかった人が「そろそろヤバいかも」と感じている時点では、ちょっと手遅れ的な感じも否めません。

そこで筆者が開発した方法を公開します。家計簿なしでも生活費を推定できる画期的な方法です。

クレジット会社や貸金業者からの請求書や入金証さえ2ヵ月分が手元に残っていれば、これを預貯金の通帳と照らし合わせるだけで、あなたの1ヵ月間の生活費も、借金の実効利率も、破綻の臨界点も、一気に計算することができるのです。

詳しくは別表に記しましたので見てください。なんだか一見ややこしそうに思えるかも

家計簿なしでも、生活費がわかる、超・画期的な方法！

支払能力や生活費などを把握するには、家計簿を付けなければムリだというのが常識でした。
でも自分の生活費を今すぐ知りたいと思うのも人情。そこで画期的な方法を開発しました。

用意すべきもの

クレジット会社やローン会社からの請求書や入金証を２ヵ月分。
銀行や郵便局の通帳。（きちんと記帳を済ませておいてね）

給料日から次の給料日までの１ヵ月を対象に計算します。通帳を開き、先月と今月の給料日のすぐ上に 横線を引いてください。預金口座がいくつかある場合は、それぞれ給料日の直前のところに線を書き込んでください。これだけ準備をしておくだけで、もう計算ができるんですよ。

1 先月の給料（3月20日振込）をチェックします。ここでは 210,000円と仮定します。

2 通帳で、給料日の直前の「預金残高」を、全部合計してみます。

	A銀行残高	B銀行残高	郵貯残高	預金残高の合計
3月19日時点	13,000円	−499,000円	5,000円	−481,000円
4月19日時点	4,000円	−499,000円	1,000円	−494,000円

預金の残高は１ヵ月間で、13,000円、減少。

3 クレジットやローンの明細書を見て、借金の残高の金額を、それぞれ合計してみます。

	B銀行残高	X社残高	Y社残高	Z社残高	借金残高の合計
3月19日時点	499,000円	997,000円	880,000円	100,000円	2,476,000円
4月19日時点	499,000円	999,000円	915,000円	40,000円	2,453,000円

借金の残高は１ヵ月間で、23,000円、減少。

4 この期間内に払った利息・手数料を合計します。

	B銀行	X社	Y社	Z社	支払利息・手数料
3月25日に	3,743円				3,743円
4月2日に		14,970円			14,970円
4月13日に			13,460円	1,633円	15,093円

銀行や貸金業者に払った利息の合計は、33,806円。

145ページにつづく

知れませんが、計算は四則演算だけですから、小学生でも3分間でできる簡単なものです。

あなたの借金は、自分の破綻の臨界点と比べて、どの水準にありましたか。

ところで、破綻の臨界点の2要素と、借金総額とに対応するように、破綻の淵から立ち戻るための選択肢も3個しかありません。

①　自分の支払い能力を増やす

②　金利水準を変更する

③　借金の総額を減らす、あるいはチャラにする

もちろんこれ以外にも、人知れず夜逃げをして、最長10年間、逃げ回るという選択肢もありますし、安易に死を選ぶという選択肢もあるかも知れません。ですが、現実的に破綻から立ち直るという観点から見るのなら、選択肢はこの3個の組み合わせ以外にはないのです。

たとえ法律家が介入しようと、消費生活センターに助けてもらおうと、保証人に迷惑を掛けようと、親兄弟や親戚友人を泣かせようと同じこと。とにかくメニューはこの3種類のバリエーションだけ。このことを頭の片隅に置いた上で、借金の苦しみからどうやれば立ち直ることができるか、その方法を考えてみることにしましょう。

143ページからつづく

家計簿なしでも、生活費がわかる、超・画期的な方法！

5 さあ、あとは電卓で計算するだけです。
（＋と－に要注意！ 預金と借金は＋－が正反対ですよ！）

a)「生活費」は……

「給料」（－「預金の増加額」＋「預金の減少額」）（＋「借金の増加額」－「借金の減少額」）－「利息」

この例の場合は、

生活費＝ 210,000円（給料）＋ 13,000円（預金の減少額）－ 23,000円（借金の減少額）－ 33,806円（利息）

＝166,194円

b)あなたの支払能力は、

210,000円（給料） から 166,194円（生活費） を引いて、43,806円 と判明しました。

c)最後に、おおよその実効利率も計算できるので、計算してみましょう。

年利率＝ 33,806円（利息の合計）÷ 2,453,000円（借金の残高）×12ヵ月

＝0.1654 ＝16.5%

6 これで破綻の臨界点の計算に必要なデータも全部揃いました。
ついでだから、計算してみましょう。

破綻の臨界点＝ 43,806円（支払能力）÷ 0.165（利率）×12ヵ月

＝318万5891円

この人の場合、借金の残高は245万3000円だったので、まだ破綻の臨界点には達していませんが、臨界点の77%に相当するので、返済はかなり苦しくなりつつあります。できれば臨界点の50%の水準ぐらいまで、借金を減らす努力をするか、支払能力を増やすことが望ましいでしょう。

この計算で出てきた生活費には、飲食代も交際費も自動車の維持費も、すべて含まれています。あとは、何を削れば良いかは、本人がいちばんよく知っているはずだと思います。

「初めて消費者金融から借りたのは、体調を崩して入院した時でした」と言うのは、神奈川県大和市に住む35歳の会社員（営業職・男性）です。

「健康保険でまかなえると思っていたけど、最近、払わずに逃げる患者が多いらしく、病院から最初に一時金を預かりますと言われ、やむを得ず消費者金融から50万円を借りて病院に預けたのがきっかけです。退院して、お金はかなり戻って来たのだけど、その直後にスピード違反で捕まってしまって、罰金がものすごくて、そのままズブズブと借り続けることになっちゃったんです。車の改造が趣味なので……」

この人は延滞をしているわけではなく、今ではだいぶ借金が苦しくなってきているけど、まだまだ自分は大丈夫だと思い込んでいます。きちんと仕事をしている人なので、支払能力もあるようです。借金総額は臨界点を超えていますが、本人としてはまだ破綻を実感していない状況です。

延滞していないので、貸金業者からの取り立てがあるわけでもなく、業者側はこの人のことを問題がある顧客だとは感じていないかも知れません。

とはいえ、すでに破綻の臨界点を超えている以上、このままあと1〜2年もこの状態を続けていくと、どうしようもない状況になることは、このグラフの細い線の推移が示す通りです。

借金の残高のうち、かなりの額を一気に返した上で、残額を同じ金利条件のまま返済して解決するパターン

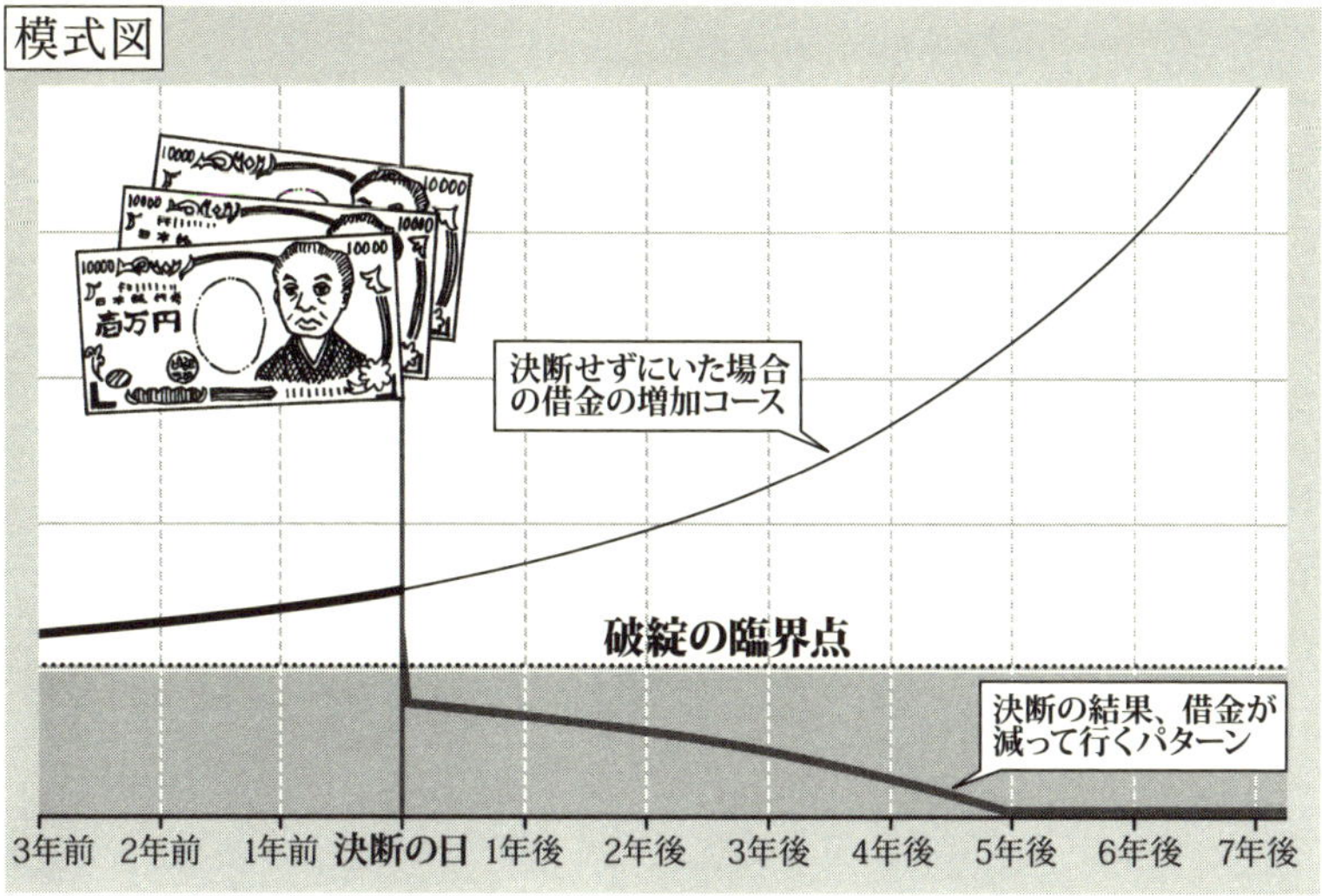
模式図
決断せずにいた場合の借金の増加コース
破綻の臨界点
決断の結果、借金が減って行くパターン
3年前
2年前
1年前
決断の日
1年後
2年後
3年後
4年後
5年後
6年後
7年後

なるべく早く、なんとかした方が良いですよね。

このような微妙な状況で法律家に頼んでしまうと、いきなり個人信用情報に傷が付くため、デメリットが大き過ぎます。それは避けたいと考える人も多いはずです。

そこで3つの選択肢のうちから、③の「借金の総額を一気に減らす」という手段をシミュレーションしてみました。

月々の支払額はそのまま。借金の契約先もそのまま。

ある程度まとまったお金をなんとか用意して、利率の高い順にドンと一気に返済してしまうことで借金の総額を減らし、破綻の臨界点の手前に立ち戻って来

て、残った借金を数年間で無事に完済しようというのが狙いです。

まとまった現金がそう簡単に作れれば世話はないって？

それはその通りです。

しかし自分の生活を振り返ってみると、イザという時が心配だからといって定期預金を持っていたり、過大な生命保険料を払っていたり、会社で漫然と積立をしてたりしませんか？

特に、借金を抱えているというのに、「将来に漠然とした不安があるから」という理由だけで定期預金を解約せずに持ち続けている人が案外多いのですが、これは利子の差額をムダに捨てているだけで、はっきり言って、まったく何一つ、意味がありません。

崩せる預金は全部取り崩し、返せるだけ返してしまうのが正解なんです。

お金を返せば、貸金業者に借入可能枠が空きます。ほんとうに万が一のことがあったとしても、そのときにこそ、貸金業者からお金を借りることが可能ですよね。

この男性も、聞いてみると案の定、不安だからというので、70万円ほど銀行に預金がありました。

繰り返しになりますが、漠然とした不安のために借金と預金を両建てするのは、まったく無意味だということは覚えておきましょう。

ほかにお金に換えられるものはないでしょうか。

自分の資産のうち、絶対に必要とまでは言えないもの（株とか自家用車とか貴金属類とか）を売り払うのが一般的ですよね。手持ちのアクセサリーやコレクションや、もしも持っているなら不動産も含め、とにかく売れるものはすべて売り払って現金を作り、借金の総額を減らします。

破綻の臨界点以下に借金の額を減らすことができさえすれば、その後は自分の支払能力によって、やがて残りも必ず完済することができるからです。

しかもこの方法であれば、当たり前ですが、まったく自分の個人信用情報に傷は付きません。

すこし余談になりますが、貸金業法では、家のローンは貸金業法の総量規制の範囲外と決められています。審議の過程では一貫して「家を失わせてはならない」と、お題目のように言われ続けていました。その考え方がほんとうに正しいのかどうか、委員たちの誰一人として疑うこともありませんでした。

しかし、日本という国家にとって、国民を持ち家に執着させておくことには大きな狙いがあるのだろうと筆者は考えています。

なにより、持ち家を持った瞬間に、その人は生活保護の対象から外れるからです。

どんなに生活が苦しくて苦しくて、もがいていても、家を持ち続けている限り、国はその人を保護する義務がありません。だからこそ貸金業法では「住宅を持ち続けさせる」ということに異常なほど神経を尖らせているのではないのか、と、筆者はうがった解釈をしているのです。

今、日本の住宅ストックの7戸に1戸は空き家です。ということは、家を売っても必ず貸家は借りられるということなのです。新築じゃなきゃイヤだなどとワガママさえ言わなければ、家を売っても路頭に迷う心配は決してありません。

また7戸に1戸が空き家である以上、住宅の価格がこの先、劇的に（すなわちインフレ率を大きく上回って）値上がりする可能性も低いはずです。日本の総人口も徐々に減りつつあります。街角に無数に置かれている賃貸住宅の広告パンフレットを手にしてみれば、どれほど多くの住宅ストックが空き家になっていて、借り手を待っているのかがわかるでしょう。

破綻の臨界点は返済能力の関数だったのだから、住宅を手放すだけで破綻を回避できる人は多いはずです。生活コストを下げ、借金を完済してからもそのまま堅実な生活習慣を

維持して行けば、やがて急速度で預貯金を積み上げることができるでしょう。

どうしても自分の家が欲しいのなら、十分に預貯金を積み上げてから考えるようにしても、決して遅くはありません。お金さえ貯まれば、それこそ市価の半額から3分の2程度の金額で、裁判所の競売物件を買うことだってできるからです。競売は全額現金一括払いが原則ですから、まずは預貯金を作ることが先決です。

日本には預貯金を持たない世帯がどんどん増えて来ていると言われています。つまりお金を握っている人が、より一層、優位に立てる時代が来るのです。言葉は悪いですが、札束で叩いて値切ることができるのは、お金を持っている人の特権なんですよね。

余談が長くなりましたが、人生の一局面で、持ち家をいったん手放すという選択も、決して悪いことではないのだと考えてみてください。あと数年ズルズルと先延ばしにしていて本格的に破綻して、結局、競売で取り上げられるとしたら、その時の値段は二束三文になってしまいます。

今、普通に不動産屋さんで市価で売ってもらえるということは、数年後から見れば天国みたいに素晴らしいことだと言えるのではないでしょうか。

自家用車も、これを持っているだけで多額のお金が消えていきます。

ガソリン代が月数千円。保険も1ヵ月あたり1万円ぐらいになるかも知れません。自動

身銭を切って一部返済したケース。さらに車も売って借金に充て、毎月の車の維持費の分も返済に回すと劇的な効果が。

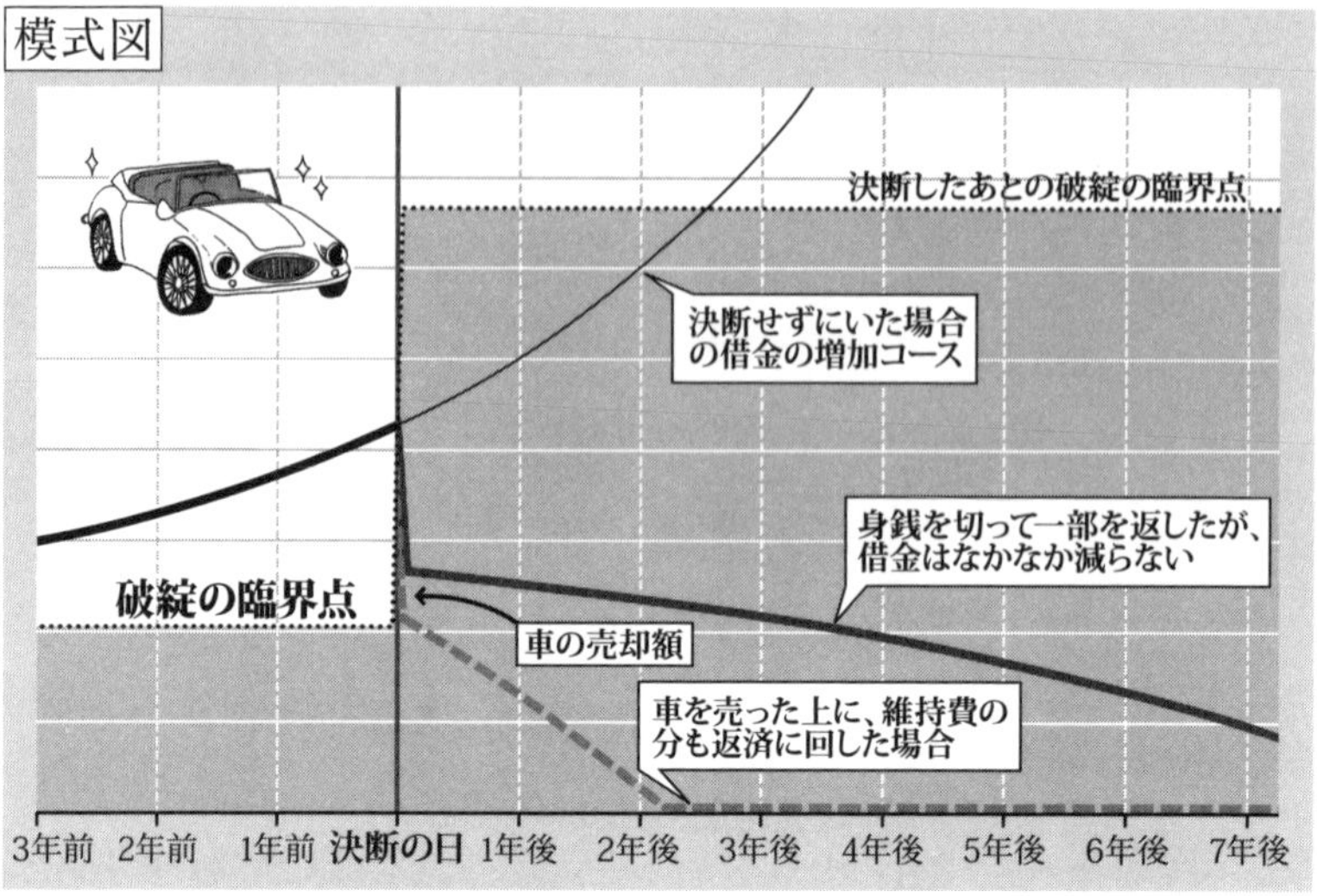

模式図
決断したあとの破綻の臨界点
決断せずにいた場合の借金の増加コース
身銭を切って一部を返したが、借金はなかなか減らない
破綻の臨界点
車の売却額
車を売った上に、維持費の分も返済に回した場合
3年前
2年前
1年前
決断の日
1年後
2年後
3年後
4年後
5年後
6年後
7年後

車税もありますし、車検も2年に1回はやって来ます。駐車場代や高速料金やなんのかんのを考えると、月5万円ぐらい払っている人も少なくないでしょう。

だったら潔く手放してしまうのも選択肢です。

車がないと移動手段に困る地方に住んでいる人でも、たとえば原付きやバイクに切り替えるとか、中古の軽自動車にしてみるとか、方法はいくらでもあるはずです。

図のように、車を維持したままでは借金の完済までに10年以上もグズグズと掛かってしまうような人でも、車をいったん処分して、車の維持費の分を返済に上乗せすることで、わずか2年強で全額完済できてしまうケースもあるのです。

10年間、同じ車に乗り続けながら借金を返済し続けるのも一つの選択肢ですし、２年間だけは車をあきらめて、車に掛かるはずの経費の分まで返済に回し、一気に借金を返してしまうというのも選択肢です。どちらを選ぶのか、それはその人自身の自由です。

このシミュレーションでは、年利18％の貸金業者から借りているという想定で計算しています。もしももっと安い金利のローンに借り換えられたら、さらに１ヵ月ほど返済期間を短縮することができるでしょう。

無借金になったあと、さらに２年間、同じ勢いで預貯金をすれば、２年＋２年で４年後には現金で新車を買うこともできるかも知れません。４年前には借金で苦しんでいたことがウソのような、明るい人生を取り戻すことができるのです。しかもこれだけのことを、自分の個人信用情報に傷ひとつ付けずになし遂げることも可能なのです。

これまで自分の生活をキチンと整理した上で返済していた人が、その後にもしも突発的に病気やケガなどに直面したとしても、「生活が苦しくて、家も車も売ったのですが、それでもどうしようもなくて……」と言えば、自治体の消費者相談の担当者は温かく対応策を考えてくれることでしょう。生活保護だって、最優先で検討してくれるかも知れません。

貸付金利の引き下げ交渉をしたり、安いところに借り換えて、残債務をそのまま返済しながら解決を目指すパターン

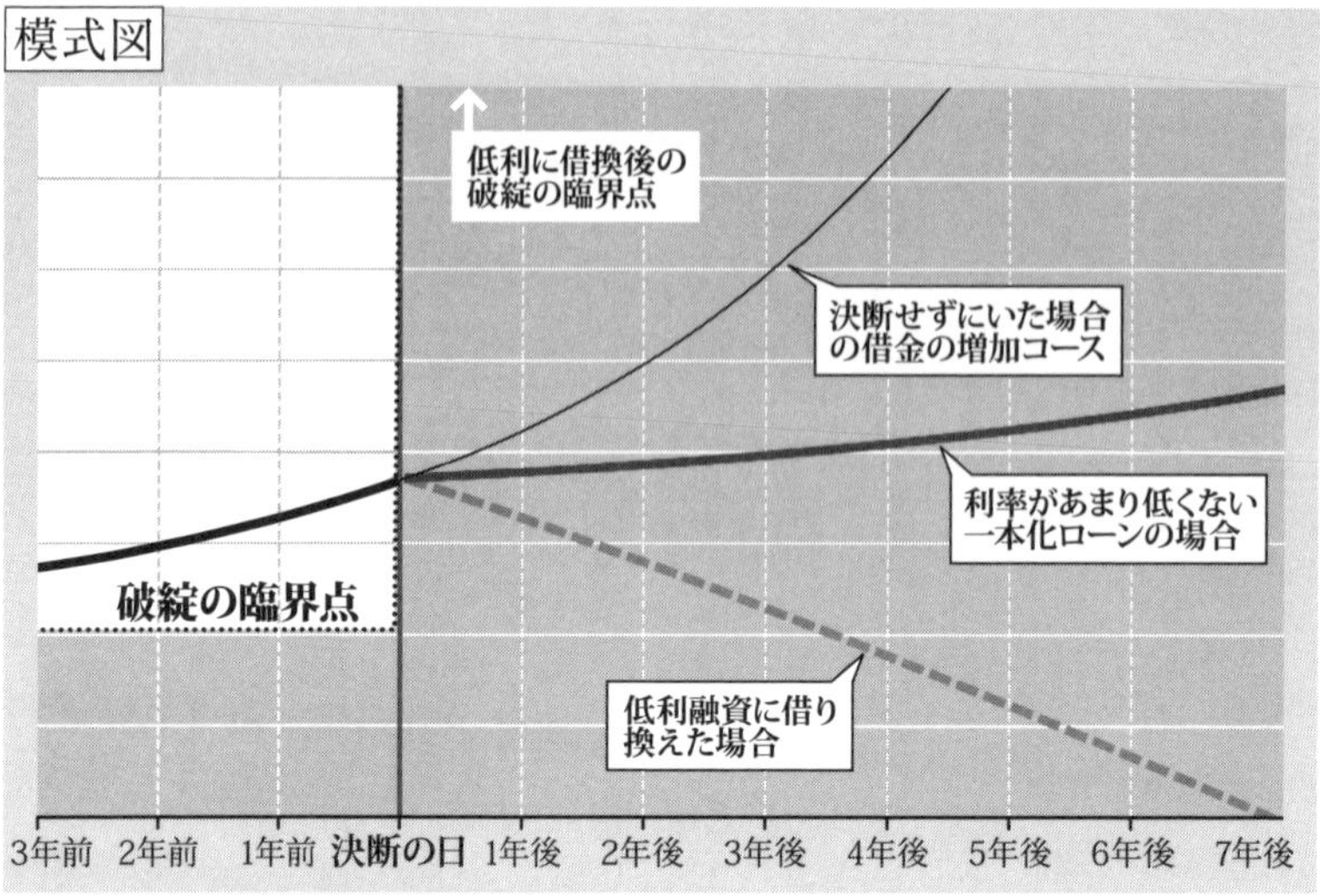

模式図
低利に借換後の破綻の臨界点
決断せずにいた場合の借金の増加コース
利率があまり低くない一本化ローンの場合
破綻の臨界点
低利融資に借り換えた場合
3年前 2年前 1年前 決断の日 1年後 2年後 3年後 4年後 5年後 6年後 7年後

次に選択肢②の、金利の引き下げ交渉をしたり、安いところに借り換えて、そのまま残債務を返済しながら解決を目指すというパターンを見てみましょう。

たとえば勤務先とか労組とか自治体に低利の貸付制度があるのなら、そこから可能な限りの低利融資を受けて、金利が高い借金を借り換えてしまいます。

図を見れば明らかなように、借金の総額は同じままでも利率を引き下げることさえできれば、破綻の臨界点はずっと高い位置へと移行します。これまでと同じ金額ずつ返済して行くだけでも、やがて自力で完済できるというわけです。

ところで、高利の借り入れを一本化

し、借り換えるための資金を貸し付ける銀行もあります。

この手の銀行からの貸付は、貸金業者ほどではないにしても利率が相対的に高く、なにより総量規制の対象外だということで、特に法律家業界では評判が良くないということは知っておくといいかも知れません。

金利が比較的、高いということは、破綻の臨界点も思ったほど上に移動しないという意味ですから、最悪の場合、せっかく借り換えたのに破綻コースから抜け出せず、二次破綻というケースも考えられるからなんですね。

もちろん、自分でまとまったお金を用意し、その上で利率も引き下げるという二つの選択肢を同時に適用すれば、はるかに返済は楽になります。

生活を立て直す時に「車を売りました。貴金属も売りました。積立も解約しました。それでもまだ○万円不足しているので、2年で返済するから融資をお願いします」となれば、公的機関としても返済計画に説得力ありと見るので、低利の融資で借り換えることも容易になるでしょう。

なるほどわかった法的処理のメリット

これまでは、自分の力でなんとか破綻の臨界点から這い戻るための整理の方法を見てきました。

ではここから法律家や裁判所などの手を借りて、本格的に債務整理を行う方法を見てみることにしましょう。

世の中には、弁護士や認定司法書士などの法律家が大量の広告を出して、過払い請求というものを行っています。しかし、これは債務整理とは似て非なるものです。

債務整理は、お金を借りた相手すべてに対して交渉を行う作業です。金貸しを相手に、新しい返済条件を交渉したり、元金の一部の切り捨てを認めてもらって、債務者が立ち直るように整えることです。それがどれほど面倒臭い交渉なのか、言うまでもありません。

あなたが逆にお金を貸している立場になって考えてみれば明らかでしょう。相手には、まだまだ返済できる余裕がありそうに見えるのに、なぜ貸し

たお金をみすみす諦めなければならないのか。まったく納得できませんよね。従って、債務整理というのは、納得できない貸し手と交渉をし、そこをなんとか納得してもらった上で新しい条件の合意を目指すので、すごく大変なことなのです。

一方、過払い請求というのは、定型化された作業に過ぎません。最高裁判所が貸金業者の抵抗をすべて撃破してくれたお蔭で、昔は合法であったはずの金利と今の金利との差額を、今頃になって過去に遡って貸金業者に返還させることができるようになったのです。世界に類を見ない仕組みです。

過払い請求というのは、法律家たちにとって、濡れ手で粟のように儲かる商売のようで、この現実の一端を示しているのが、平成21年10月22日に明らかになった日本全国697人もの法律家たちの大量脱税事件です。全国の法律家たちが、脱税してでも儲けを隠したいと誘惑に駆られるほどに、過払い請求というのは甘い蜜を吸えるものなのでしょうね。

過払い金訴訟扱う弁護士ら

697人、79億円申告漏れ

28億円追徴

個人事業者に対する2008事務年度（08年7月～09年6月）の税務調査で、消費者金融などへの過払い金の返還請求にかかわる弁護士や司法書士697人に総額79億円の申告漏れがあったことが21日、国税庁のまとめで分かった。重加算税を含む追徴税額は計28億円に上った。

国税庁は過払い金返還訴訟を手がける弁護士や司法書士804人を対象に実地調査。このうち697人から申告漏れが見つかり、81人が悪質な所得隠しと認定された。

ある男性弁護士は、消費者金融業者から依頼主への返還金が、自らの口座を通じて支払われる際に自らの報酬を差し引き、その全額を収入から除外して申告。07年までの7年間で1億1500万円の所得を隠したとして、所得税4600万円と消費税900万円を追徴課税された。

一方、08事務年度の個人や個人事業者全体の申告漏れ総額（譲渡所得分を除く）は前年度比5％減の9155億円で、3年ぶりに減少した。

日本経済新聞（2009年10月22日）より

過払い請求の大手で、テレビなど

ITJではアルバイトを急募しております。

職種	事務職（テレビCMを見て電話をかけて来ていただくクライアント対応と付随する業務）
時給	1500円以上（ただし研修後）
勤務時間	週40時間以上　シフト制
勤務地	千代田区麹町
その他	明るく楽しい職場です。 シフトは週40時間以上 応募方法 写真付きの履歴書を以下の住所までお送り下さい。 履歴書の返送はいたしませんのであしからずご了承下さい。 〒102-0083　千代田区麹町3-3-6　ITJ法律事務所　採用担当宛

ITJ法律事務所ホームページから

に大量の広告を出しているＩＴＪ法律事務所のホームページを見てみると、時給１５００円のアルバイト事務員の募集が載っています。仕事内容は、テレビＣＭを見て電話を掛けてくる債務者への対応のようです。

この一例でも明らかなように、アルバイト程度でも過払い請求の実作業はできるのです。しかし弁護士でない単なるアルバイトが、債務者の身になって考えることなど、できるはずはありません。

従って左の図のように、過払い請求はしたけれど、破綻の臨界点を下回ることができず、ちっとも生活が楽にならないというケースもありえるわけなのです。

過払い請求は、債務整理の有力なツールではあるけれど、それはいわば糖衣錠の「糖衣」みたいなものです。

病院で薬を貰って、甘い部分だけをネロネロと舐めて苦い部分を捨ててしまえば、薬が効くはずはありませんよね。

法的な処理には、自己破産のほか、特定調停、民事再生と

過払い返還を受け、
金利も利息制限法に下げた場合。債務整理を
手抜きされ、二次破綻の危険性があるケース

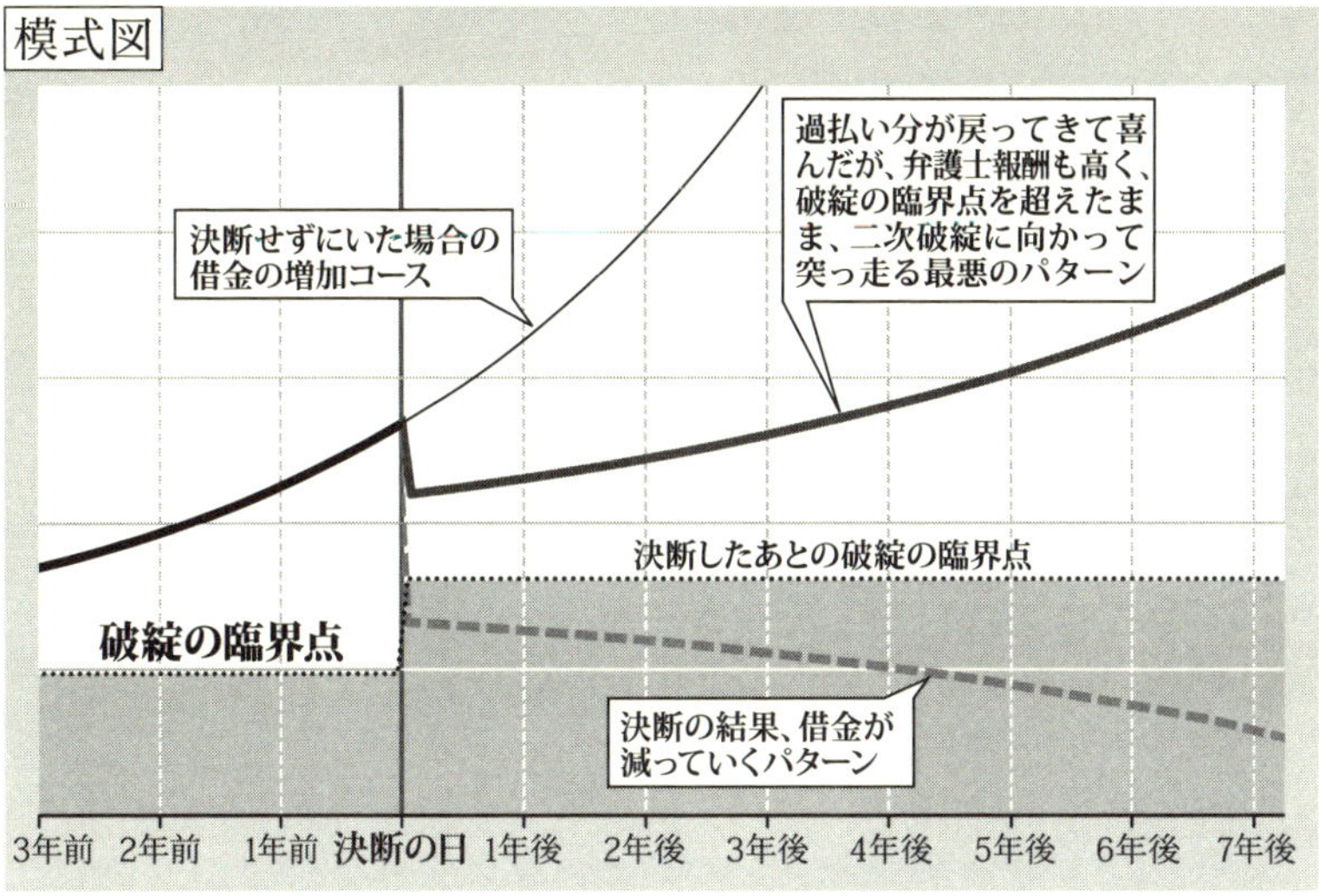
模式図
過払い分が戻ってきて喜んだが、弁護士報酬も高く、破綻の臨界点を超えたまま、二次破綻に向かって突っ走る最悪のパターン
決断せずにいた場合の借金の増加コース
決断したあとの破綻の臨界点
破綻の臨界点
決断の結果、借金が減っていくパターン
3年前
2年前
1年前
決断の日
1年後
2年後
3年後
4年後
5年後
6年後
7年後

いうものがあります。

　破産というのは、自分の持っている財産を、債権者に分配する作業です。市価20万円以下の自動車や現金など、合計99万円までの財産を手元に残すことができることになっています。これが生活再建のタネ銭になるわけです。破産手続きの費用は、弁護士費用や手数料などで50万円程度は必要と思われますので、自己破産を選択する場合でも、ギリギリまで切《せっ》羽《ぱ》詰ってから決断するのではなく、ある程度余裕があるうちに考えるべきことだということがわかりますよね。

　その一方で、払い切れなかった自分の借金は、保証人が代わって払わなければなりません。イヤだと思ってもそれが破

自己破産でチャラになる。だけどあなたの借金は、そっくり保証人に請求が行くことも忘れずに！

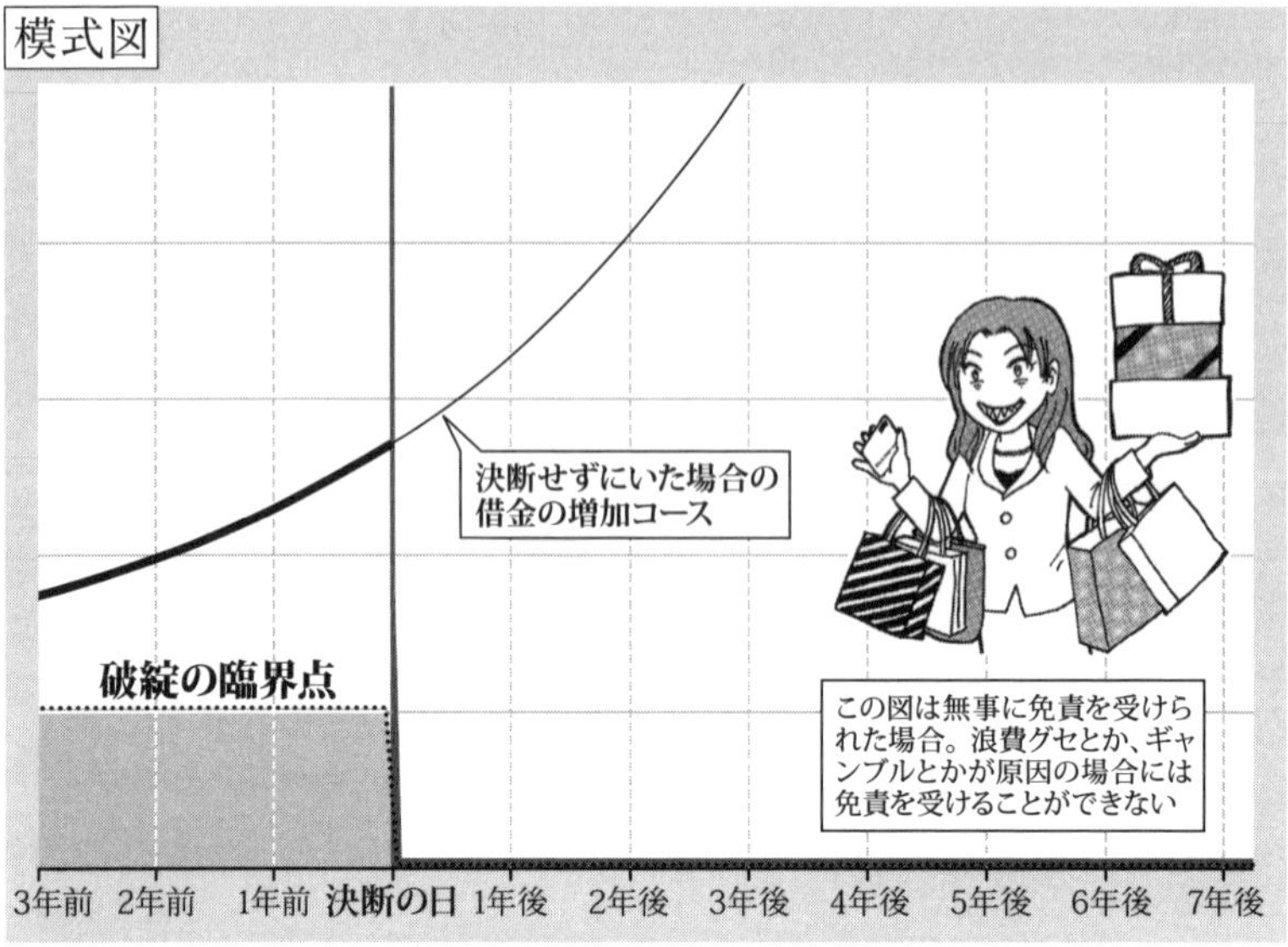

模式図
決断せずにいた場合の借金の増加コース
破綻の臨界点
この図は無事に免責を受けられた場合。浪費グセとか、ギャンブルとかが原因の場合には免責を受けることができない
3年前
2年前
1年前
決断の日
1年後
2年後
3年後
4年後
5年後
6年後
7年後

産という制度であり、保証人という制度であることは理解しておく必要があるでしょう。

一度自己破産をしてしまうと、５〜10年間はクレジットカードを作ることもできませんし、借金をすることもできません。弁護士や公認会計士などのような「士業」の多くは、破産した瞬間に欠格となります。意外なところで警備員や風俗業者なんて仕事も失格になります（もっとも、免責許可の決定が裁判所から出れば復活しますが）。

破産を考えた場合に、それだけのお金はない、という時には、

①　法律扶助協会で費用を立て替えてもらう方法

② 地元の社会福祉協議会で生活福祉資金貸付を受けるという方法

③ 自分で勉強して自力で申請するという方法

があります。なにごとも経験だという意欲があるなら、自力で申請することも不可能ではありません。破産を申し立てた後には、まともな貸金業者からの借金の取り立ては止まるはずです。いつまでも止まらない業者はヤミ金の可能性があるので、警察に助けてもらうことも可能です。

破産の事実は住所氏名を含め、官報に載ってしまいます。普通の人で官報を読んでいる人は皆無だろうと思いますが、ヤミ金業者などがこれをチェックして勧誘が来ることも多いようです。

ヤミ金は犯罪。警察としても、簡単に犯人を逮捕できるなら、喜んで対応してくれるでしょう。

特定調停という制度もあります。あまり知られていない制度ですが、これはお金を借りている人が自力でやるのに向いた制度です。手数料も格安です。

申し立てる場所は、普通の地方裁判所ではなく、簡易裁判所です。裁判所

裁判所に特定調停を申し立てる方法。すべての債権者と合意が成立すれば、保証人に迷惑を掛けないで立ち直ることも可能

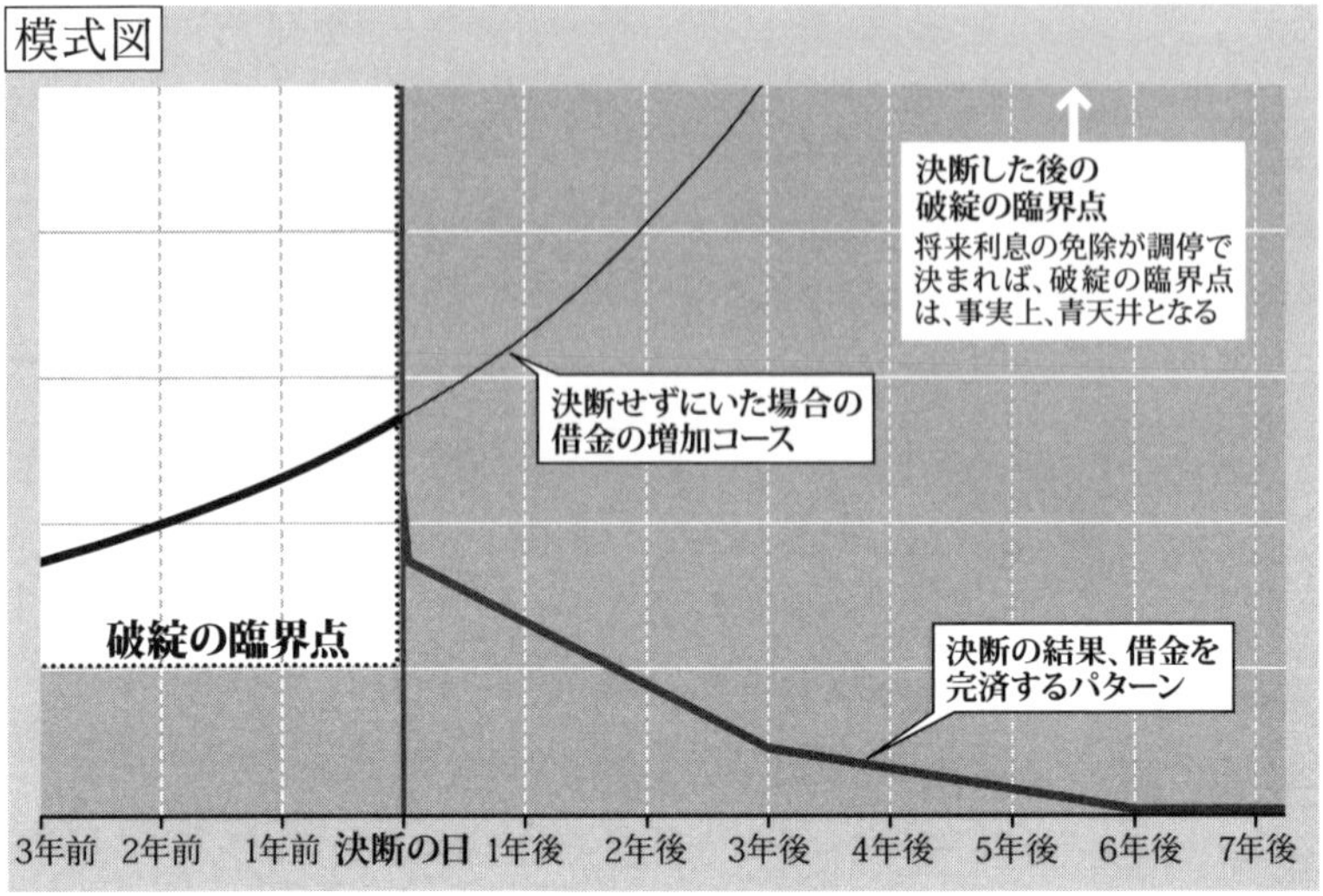

模式図
決断した後の
破綻の臨界点
将来利息の免除が調停で決まれば、破綻の臨界点は、事実上、青天井となる
決断せずにいた場合の
借金の増加コース
破綻の臨界点
決断の結果、借金を
完済するパターン
3年前 2年前 1年前 決断の日 1年後 2年後 3年後 4年後 5年後 6年後 7年後

が選ぶ調停委員が債権者と交渉をしてくれる上、自動車とか不動産などを必ずしも取られてしまうとは限らないので、その点はメリットです。

特定調停が成立した場合には、保証人に迷惑を掛けないよう、その分は払うという調停も可能なので、保証人に義理を欠かずに済む点は、非常に大きなメリットと言えるでしょう。

が、良いことばかりでもありません。債権者と合意が成立しないとそれまでなので、他の債務整理に比べて、債権者が出してくる条件が厳しくなる可能性があるからです。

債権者の立場から考えると、あなたが破産した場合に回収できるであろう

個人版民事再生。地方裁判所の監督下で、
すべての債権を再交渉する仕組み。
自宅を手放さなくても済む場合もある。

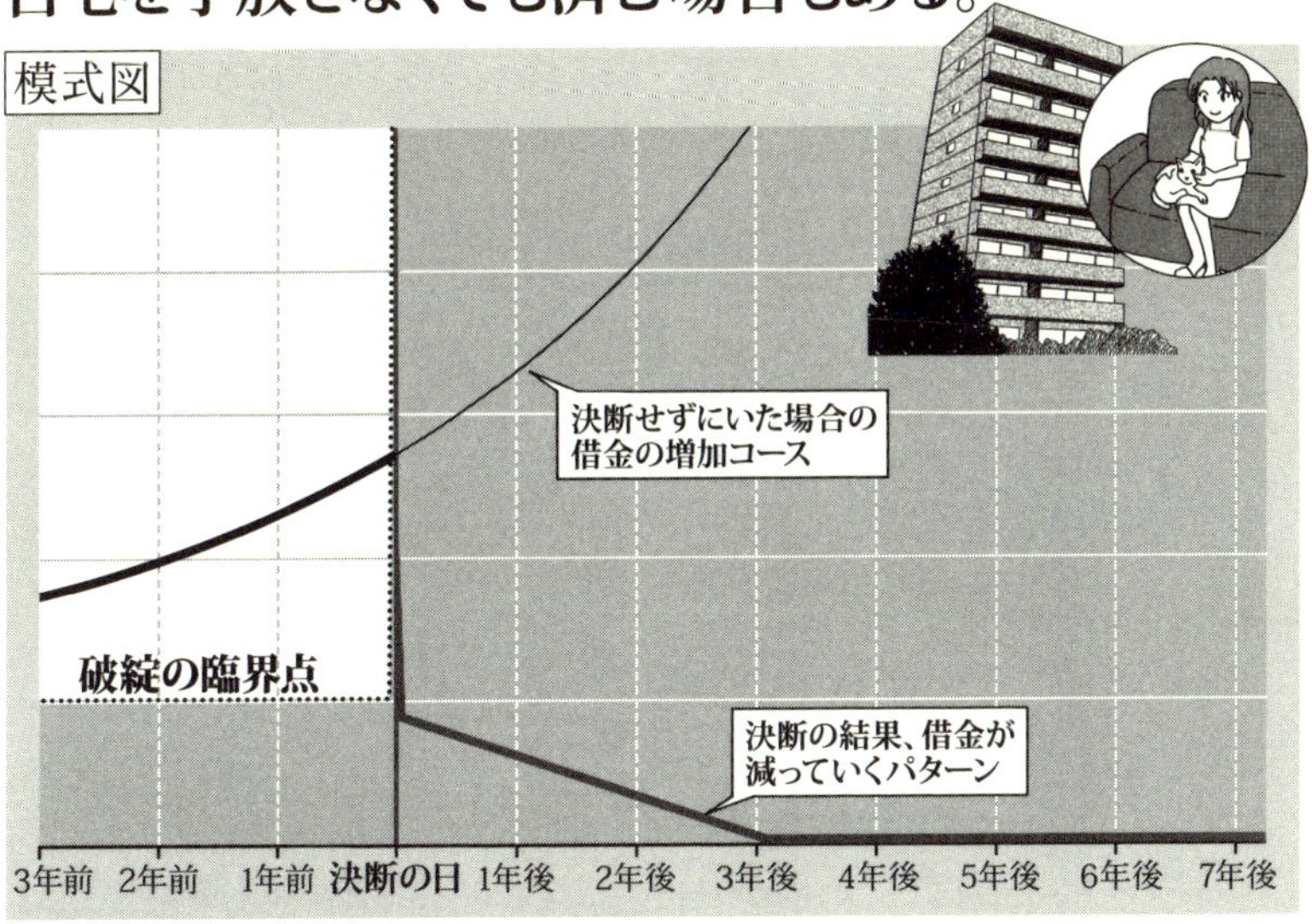
模式図
決断せずにいた場合の
借金の増加コース
破綻の臨界点
決断の結果、借金が
減っていくパターン
3年前
2年前
1年前
決断の日
1年後
2年後
3年後
4年後
5年後
6年後
7年後

金額と、特定調停で回収できる金額とを天秤に掛けて考えることになるので、これは当然ですよね。

そういうわけで、破綻の臨界点を超えてはいても、まだそれほど傷が深くない人に適した方法と言えるでしょう。ブラックリストに載る点は、ほかの債務整理と同じです。ただし官報には載らないので、その点は気が楽でしょう。

特定調停と同じように、持ち家を手放さなくても良い方法が「個人版民事再生手続き」です。

きちんとした定収入がある人で、ただし借金が大き過ぎるために破綻の臨界点を超えているという人のために作られた制度で、地方裁判所に申し立てをします。住宅ローンはそのまま残りますが、それ以外の借金はバッサリと削減され、原則として3年間で払える金額だけ払ったなら残りはチャラになるという、なかなか好都合な制度です。

ただし、少なくとも借金の5分の1ないし10分の1は返し切ることが要求されますので、借金が山積みになり、破綻の臨界点をかなり超えてしまった人だと、この制度を使おうと思っても返しきれずに破産に移行するという最悪の結果もありえます。そういう意味で、ほんとうは事前にキチンと生活管理に関するカウンセリングを受けてから考えるべき制度ですから、いきなり法律家に頼む前に、あらかじめカウンセリングの窓口などで相談してからの方が良いかも知れません。

なお、破産と同じように、保証人には借金の請求がそっくり行ってしまいます。保証人に迷惑を掛けてしまうことはあらかじめ覚悟しておかねばなりません。

またブラックリストにも載りますが、これも諦めざるを得ないでしょう。

それと、自力で申し立てをすることはほとんど不可能なので、どうしても法律家に頼むことになります。費用も高く、なんのかんので100万円近く必要になるかも知れません。

もう一つ、破産と同じように官報にも自分の住所名前が載ってしまいます。ただ破産と

任意整理。自力でやるのは相当に困難

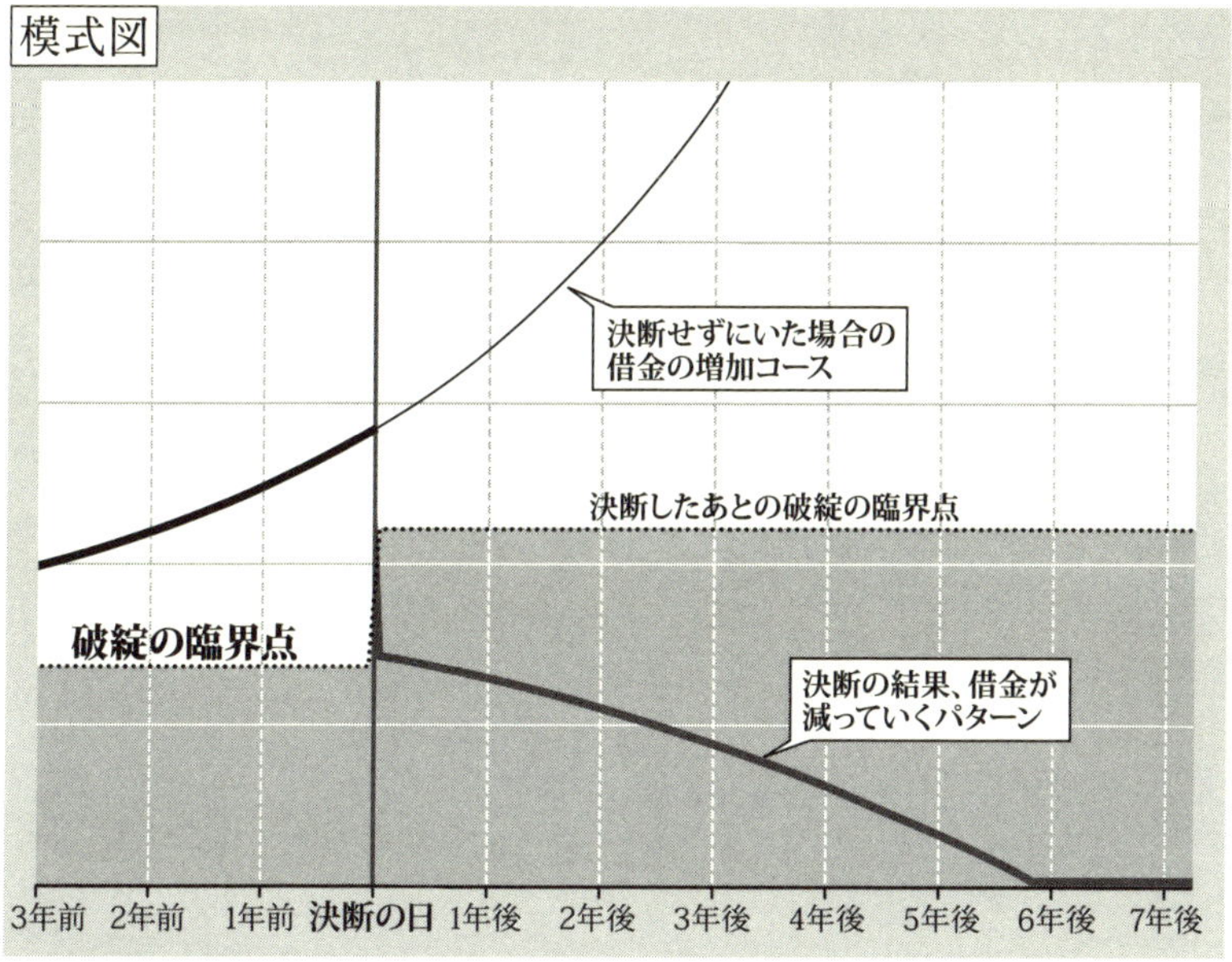
模式図
決断せずにいた場合の
借金の増加コース
決断したあとの破綻の臨界点
破綻の臨界点
決断の結果、借金が
減っていくパターン
3年前
2年前
1年前
決断の日
1年後
2年後
3年後
4年後
5年後
6年後
7年後

は違い、民事再生手続きを行っても、「士業」をクビになるということはありません。

このように、破産と似た制約もいろいろあるけれど、最大のメリットは家を取られずに済むという点です。それもこれも「きちんとした定収入がある」ということが大前提になっているので、失業している人はまったく対象外の制度ということになります。

最後に、任意整理というものがあります。

これは、法律家にそれぞれの貸し主と直接交渉をしてもらうという方法です。

実は法律家が「受任通知」を貸金業者に送った瞬間、貸金業者はお金を借りている本人に対して返済を求めることができなくなるのです。返済の義務そのものが消えるわけではありませんが、業者は本人に直接コンタクトしてはいけないのです。というわけで、激しい取り立てに悩んでいる人にとって、法律家が介入してくれるということはありがたい話です。

介入してもらった上で、これまで述べた裁判所を通す方法で解決するのも良いのですが、借金の額が破綻の臨界点をそれほど超えておらず、裁判所の手をわずらわせることもないと思ったなら、法律家が直接、貸し主と交渉してくれて、場合によると過払い請求も行い、債務を縮小してくれるのが任意整理というものです。

ただし、裁判所を介入させるわけではないので、強硬な貸し主は逆に訴訟を起こして来ることも考えられますし、法律家が弱腰で、コワモテ系の貸し主については交渉もしないで放置する、というケースも、ときどき報告されています。

そういう意味で、法律家の資質によって整理の質や成否が決まると言っても差し支えないものです。

筆者の聞いた中に、弁護士に任意整理を依頼してからすでに5年間もズルズルと引き延ばされていて困惑している債務者がいました。この人は自営業で、どちらかと言うと金銭感覚がルーズな人であり、しかも年収が200万円未満の年もあるけど800万円を優に超える年もあるなど、収入の変動が激しい人でした。収入が一応あるだけに簡単に破産させるわけにもいかず、かといって定所得ではないために個人版民事再生もなじまず、任意整理もむずかしいということで、弁護士が放置してしまっていたようです。

これこそヘボな法律家に食い物にされてしまうと悲惨だという例でしょう。

なお、弁護士の介入という事実もブラック情報の一種ですから、その点は覚悟が必要です。

ここまで、悪徳法律家には注意しましょう、というストーリーだったのに、どの法律家が悪徳でどの法律家なら安心だ、と見分ける方法がないことに、読者の皆さんはガッカリされることだろうと思います。

筆者の考えですが、まずは一定規模以上の都市の「消費生活センター」に相談してみるのが良いと思います。消費生活センターに相談した時点では、まだブラック情報が登録されるわけではないからです。メリット・デメリットそれぞれをきちんと把握した上で、日弁連の「法テラス」などで相談してみるのが良いのではないでしょうか。

もっとも、今年6月には健全債務者500万人が右往左往する可能性がありますので、電話がちゃんとつながるといいのですけどね。

第七章

「ブラックリスト」って何だろう

クレジット化社会を信じるな

筆者の恥ずかしすぎる経験を告白します。

数年前、とあるスポーツ用品店の店頭で勧誘され、会員になろうと申し込みをしたことがありました。会員になれば割引価格で購入できるからです。

ところが、そのスポーツ用品店の会員証はクレジットカードを兼ねていて、クレジットカード会社の審査によって筆者は入会を断られてしまったのです。

なぜ断られたのか、理由はわかりません。

そもそも筆者の個人信用情報に問題があったわけではありません。筆者は当時も今でも他社のクレジットカードを問題なく使い続けていますし。ただ筆者はサラリーマンではなく、定収入があるわけではないので、クレジットカード会社がどんなハードルで審査をしたのかは分かりませんが、そういうあたりが理由で落とされたのかも知れません。

しかし、これがたとえば会員制の超高級ブティックであるとか、一見《いちげん》さんお断りの料亭であれば、そこのお客様としてふさわしくないと判断されたのだと思って筆者も納得できますが、ロードサイドの量販店で、これはどういうつもりでしょう。

現金で商品を買おうと思って来店した人に対して、「アンタは信用度が低いから、ウチの商品は割引できません」なんて言っている時点で、そもそもこれは客商売ではないと思うのです。わざわざ店頭で入会を勧誘しておきながら、審査によって断ってくる物販店。ほとんど理解ができません。

この経験は、筆者のトラウマになりました。どんなに頼まれてもそのチェーンでは何も買わないぞ、と心に決めたのです。非会員は1割も高い値段で買わねばなりません。それより何より、傷つけられたプライドの問題があります。

その後、同じように不愉快な経験を繰り返すのはイヤなので、店頭で会員募集をしている小売店を見かけるたびに背を向けるようになりました。

なぜなら、会員を勧誘するコスト、会員制度を維持するためのコストが小売価格に上乗せされて割高に設定されているに違いないからです。

と同時に、きっと筆者と同じような経験をした人が日本中には無数に存在するのだろうな、と感じたものです。

若い人たちは、ほんとうはいちばん購買意欲が活発な層のはずです。しかし定所得があるサラリーマン以外は客ではないという方針のもと、彼らを排除してしまえば、いちばん購買意欲が活発なはずの層からソッポを向かれてしまうことでしょう。

一度、客のプライドを傷つけて断ってしまえば、二度と彼らが戻って来てくれることはありません。

「顧客の囲い込み戦略」などとクレジット会社に踊らされ、わざわざお金と手間とを費やして、潜在的な顧客層を店頭から追い払い続けているのですから、これで日本の景気が良くなるはずはありませんよね。

アメリカには、比較的貧しい層をターゲットとして急成長を遂げたウォルマートという安売りスーパーチェーンがあります。さすがに彼らは自分たちの顧客層の特性をよく理解しているなと感心したサービスがありました。

彼らは、店頭で、なんとクレジットカードを販売しているのです。

もちろん、審査も何も必要ありません。ただ身分証明書を呈示するだけで、3ドルでVISA国際カードを購入できるのです。これは先払い方式で、払った金額の範囲内でなら、世界中どこででも自由に使えるクレジットカードなのです。

中・低所得層をターゲットに据えるウォルマート。顧客層には、おそらく本物のクレジットカードの審査に撥《は》ねられる人も多いのでしょう。銀行口座すら持っていない人も多いといいます。

しかしクレジットカードがないと、とても生き辛いのが現代です。特にアメリカでは、たとえ安ホテルに泊まろうと思っても、予約やチェックインの際に、必ずクレジットカードを要求されますし、インターネットで何かをしようと思っても、クレジットカードがないと、ほとんど何一つできない時代です。

そういう層に向けて、ウォルマートではプリペイド方式のクレジットカードを発売していたのですね。

プリペイド方式、つまり預かったお金の範囲内で使ってもらうだけの話ですから、いっさい与信する必要がありません。信用情報機関へのアクセスも必要ありません。したがって、たとえどれほどブラック情報が登録されているお客さんでも、関係なしに使えるわけです（ただしアメリカ在住者に限ります）。

正直に言うと、クレジットカードとして見た場合、このカードは決してお得なカードではありません。月額会費が３ドル（つまり年額で36ドル!!）も掛かりますし、入金したお金に利息が付くわけでもありません。そもそも入金する際に、入金手数料を取られるケースもあるなど、日本人の常識から見れば「はてなマーク」が四つも五つも付くのではないでしょうか。

日本では常識の、クレジットカードを使ってポイントで還元などというような附帯サー

ビスもないようです。

それでもなお、破産した人を始めとして、他のクレジットカードを持てない人にとっては命綱とも言えるカードなんですね。カードを使えるということそれ自体が、このカードの最大のサービスなのですから。

そこで冒頭の日本の小売店の話に戻ります。

もしもその小売店が、同じようなプリペイドカード方式のクレジットカードを発行して、それを会員証と兼用していたとしたら、どういうことになっていたでしょう。

たとえスキーやスポーツに興味がほとんどなく、クレジット履歴がブラックな人でも、このチェーン店でなら無審査でクレジットカードを持てると知れば、多くの客が押しかけて来ることになるのではないでしょうか。

クレジットカードに最初からアクセスできない人にとっては、国際ブランドのクレジットカードを持てるというだけでも大サービスなのです。ポイントサービスなどで不毛な競争をする必要など、いっさいありません。なにしろライバルが存在しないのですから。

ウォルマートに倣って月額数百円程度の手数料を取っても良いでしょう。

それでもなお、実際に店頭で入金するついでに商品を買って行ってくれる客も増えるでしょう。商売として十分に成り立つのではないでしょうか。

残念ながら、現時点ではこういうカードが日本に存在していないことが、クレジットカードを持てなくなることに対する恐怖に拍車を掛けているのかも知れません。

国内で契約できる前払い式クレジットカードとして有名なのは、ＪＴＢ子会社のトラベルバンクが運営する「ＶＩＳＡトラベルプリペイドカード」だろうと思います。国内で前払いしておくと、世界中どこでもクレジットカードとまったく同様に使えるというものです。もちろん個人信用情報機関などにアクセスすることもありません。

ところがこれ、日本国内でだけは使えないのです。

世界中どこでも使えるのに日本国内でだけは使えない理由を尋ねてみたところ、理由はたった一つでした。つまり、日本だけが遅れているからだ、というのです。

遅れている……これには二つの意味があります。

つまり、日本では売上データがお店から必ずしもリアルタイムで送られて来ず、遅れて送られてくることも多いという点です。なかには何日分もまとめて送ってくるような加盟店もけっこう存在しているというのです。

もちろん国内でもこのカードを使えるようにしたいけれど、このような現状では、怖くて、とても国内で使用可能にはできないのです。

VISAトラベルプリペイドカード

そりゃそうですよね。リアルタイムで売上を把握できないのなら、預かっている金額以上に使われて損害を被る可能性を防ぐことができないのです。与信しないカードですから、これでは怖くて国内で使用可能にできるはずがありません。

こういうわけで、日本は世界から遅れてしまい、ガラパゴス化、古代遺跡化してしまったのです。世界中どこからでもリアルタイムで売上データが送られてくる時代なのに、日本だけは、そうなっていないのですから。

もちろん歴史的な背景というものはあるでしょう。日本でクレジットカードの分野を立ち上げたのは、ＶＩＳＡやマスターカードという国際ブランドではなく、国内のいろんな金融機関や信販会社などが、それぞれ独自にクレジットカード業界を開拓して来たのです。ごく最近でも、たとえば高速道路のＥＴＣのように、個別のネットワークが独立帝国を形成し、それぞれ自分たちの中だけで処理をして、売上データはあとからまとめて送って来る、そういう組織が日本中に割拠しているのです。

こんな状況を、金融機関自身だって好ましいとは思っていないはずです。では、金融庁はいったい何をやっているのだという話になりますよね。

何もやっていないのです。

こうして国民は、お偉い官僚の皆さんが何もしないで天下りできることの代償として、とっても遅れた金融インフラによって苦しまねばならないわけです。

官僚の仕事は、言い訳を並べることと、生贄《いけにえ》を見つけていじめることと、新規の天下り先を開拓することと、他には、なにかありましたっけ？　そういえば、ＥＴＣを扱う「財団法人道路システム高度化推進機構」というのも、国土交通省と経済産業省の天下り組織です。もう、なにをかいわんやです。

苦しむのは国民。でも官僚たちは、そんなの知ったことじゃないってわけですね。

「ブラック情報」が消えちゃった!?

お金を借りていて返せないとブラックリストに載せられる、という噂を聞いたことがあると思います。ところが最近、ブラックリストに載せられていたはずなのに、ブラック情報が消えてしまったという報告を頻繁《ひんぱん》に耳にするようになりました。これはいったいどういうことなのでしょう。

現実にブラックリストみたいなものを作ったりすると、プライバシーの侵害になりますし、下手すると損害賠償を請求されかねません。

しかし「ブラック情報」それ自体は歴然と存在しています。

この写真は信販会社系の個人信用情報機関ＣＩＣのデータ（の模式）ですが、「返済状況」の欄に「成約」とあるので、この客はブラックではないということが分かります。

逆にこの欄に「異動」とある場合は、ほかの情報も注意深く見て判断してくださいね、と注意喚起をしているわけです。つまり「異動」情報こそが、いわゆるブラック情報だったのです。

とはいえ「この借り主はブラックだぜ」なんてラベルを不用意に貼ったりすると名誉棄

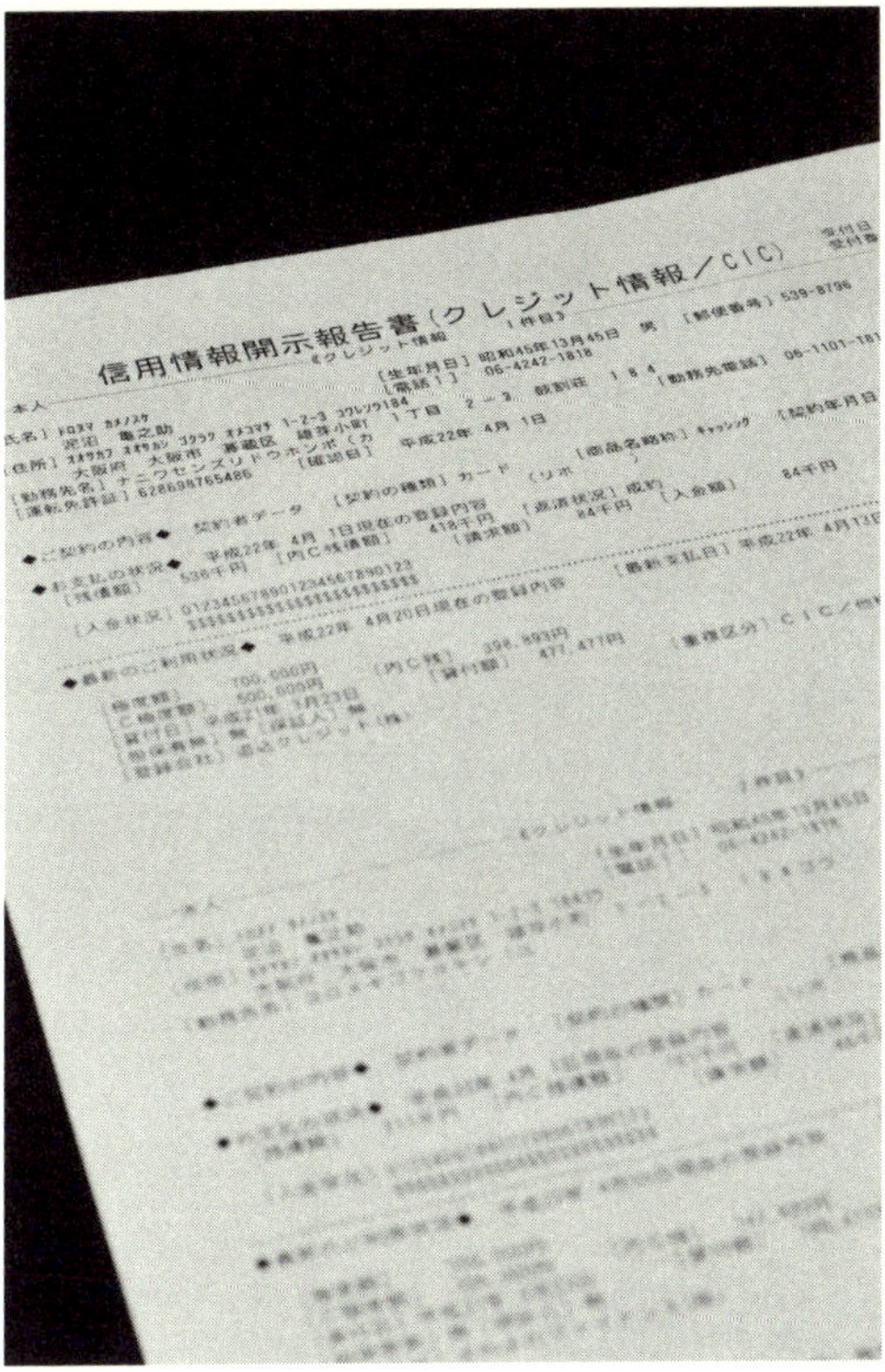

損になるかも知れません。そこで、この客には延滞があるとか、破産手続きが行われたとか、保証債務の履行があったなどという「事実を示している」わけです。

異動情報は、すべての個人信用情報機関との間で共有されています。もしも一つの貸金業者と何らかのトラブルを起こした場合、金融機関はときどき信用情報を参照していますので、トラブルの存在がバレてしまうというわけです。

ところで、貸金業者は平成21年の1年間だけでも3社に1社が廃業してしまいました。廃業といっても業者が消えてなくなるわけではなく、今後、新規の貸付は行わないというだけで、貸した金は回収するのが当たり前です。

この回収業務はどこの会社でも引き続き行いますが、ここで問題が発生しているのです。

貸金業者が廃業した場合、信用情報機関から退会することになりますが、その瞬間、業者が登録していた情報は抹消されてしまうからなのです。

客にとって、借金が消えたわけでもなんでもないのに、借金があるという情報が個人信用情報機関のデータベースから抹消されてしまうのです。その業者がその客に関してブラック情報を登録していたとしても、本来なら5年とか7年とか保有されるべきブラック情報ですら、業者の退会と同時に瞬時に消えてしまうのですね。

実際、平成21年度上半期に貸金業系の信用情報機関JICCに登録されていた貸金情報のうち、半年間で312万件が消えています。このうち完済したことによる情報の減少件数が96万件だったのに対し、実に144万件が、業者が廃業したことによって消滅していた件数だったのです。

それ以外にも、JICCの会員ではない業者に債権が譲渡された場合でも、情報は抹消されます。このように非会員への譲渡によって情報が抹消されたケースも14万件あったのです。

合計すると、情報が消えた理由が実際に借金を完済したことによるのは全体の30％に過ぎず、情報が消えたうちの51％は、業者側の都合で情報が消えたというだけの話だったわけですね。

最近は多重債務者が減っていると言って、鬼の首でも取ったように喜ぶ人たちがいるのですが、実際には貸金業者がJICCなどからどんどん抜けていることこそが大きな理由

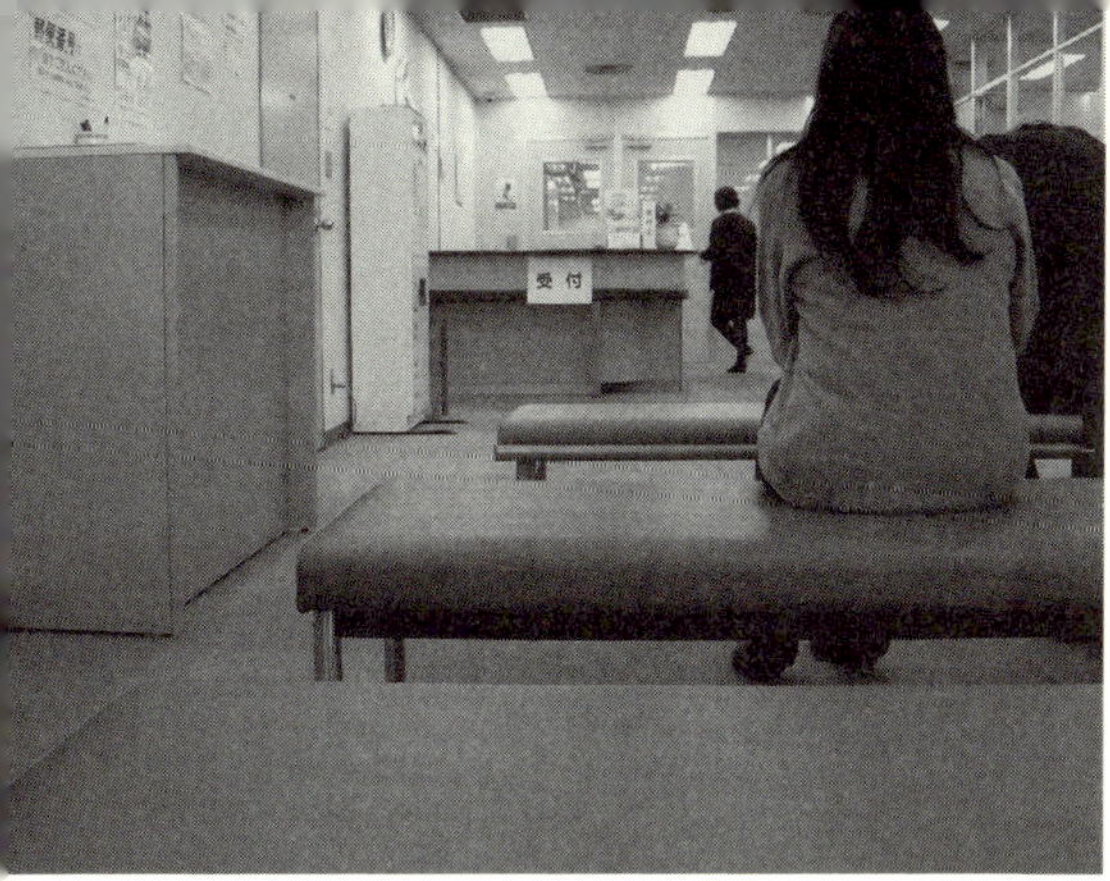

全国銀行個人信用情報センター（KSC）の様子

なのです。多重債務そのものが大きく減っているわけではないということは、このデータの仕組みを理解すれば分かることでしょう。

これは、総量規制がいかに尻抜けで無意味なものであるかということも示しています。なぜなら貸金業者に対して、個人信用情報機関で調査して借金の残高を客の年収の3分の1以下にせよと法律は言っているのに、そこには貸金業を廃業した業者が客に貸しているお金はいっさい載っていないのですから。

ところで、貸金業系のＪＩＣＣと信販会社系のＣＩＣとが貸金残高の情報を交換するようになるといっても、個人データベースが統合されるわけではありません。他人の情報がまぎれ混んでいたり、自分の情報が漏れ落ちていたりするケースも少なくないのです。このことで、誰もが思わぬ被害を受ける可能性もあるのです。

そこで、この際ですから、一度ぐらいは自分の情報がどのように登録されているか、確認をしてみても良いでしょう。

自分の情報を知りたい場合は、ＪＩＣＣ、ＣＩＣ、銀行系のＫＳＣのいずれでも、それぞれ郵送で開示請求することができます。郵送の場合、手数料は送料込み１０００円。身分証明の書類が複数必要なので、詳しくは電話で問い合わせてみてください。

もちろん運転免許証などの身分証明書を持って（免許証以外の場合、複数を要求されるケースが多いです）開示窓口まで直接行っても良く、この場合ならどの機関でも開示手数料は500円で済みますし、その場で書類を確認して、不明な点を心ゆくまで質問することもできるので、時間さえ取れるなら、ぜひ直接行くことをお勧めします。

筆者も自分の情報の開示をしてみましたが、情報量の多さという意味で、JICCかCICのどちらか一方に請求すれば、いちおう事足りるのではないかと感じました。KSCの情報は、筆者の個人情報に限ってですが、JICCやCICのデータと比べて、かなり質的にも量的にも見劣りしていると感じています。

JICC（貸金業系。大阪にも開示窓口があります）
株式会社日本信用情報機構
東京都千代田区神田多町2-1　神田進興ビル
問い合わせ先　0120-441-481

CIC（信販会社系。首都圏以外にも開示窓口は各地方にあります）

株式会社シー・アイ・シー
東京都新宿区西新宿1－23－7　新宿ファーストウエスト15階（首都圏開示相談室）
問い合わせ先　0120－810－414

KSC（銀行系。首都圏以外にも各地の銀行協会に開示窓口があります）
社団法人東京銀行協会　全国銀行個人信用情報センター
東京都千代田区丸の内1－3－1　銀行会館1階
問い合わせ先　0120－540－558

◎あとがき

今から２０００年も前に書かれた聖書ですら、多くのページを費やして、さかんに高利貸しの害悪について注意を促しています。私たちよりも１００世代も前の人たちですら、現代の私たちとまったく同じように、利子を取ってお金を貸し借りすることを警戒し、悩み続けてきたのですね。

これだけ長期間にわたって高利貸しの恐ろしさが伝えられてきたのですが、なぜ高利の借金が恐ろしいのかという根源の理由を正面から解明した人はいませんでした。

高利が怖いなんてことは、どうやらまったく当たり前のことだと考えられていたようなのです。ちょうどニュートン以前の人間が、リンゴの実が落ちるのを見ても何も感じなかったのと同じように。

破綻の臨界点の発見は、お金の貸し借りにおけるニュートン的な発見だろうと筆者は考えています。ニュートン力学ほどの難しさもなく、言われてみれば誰でも一発で理解できる概念ですが、言われなければ気がつかなかった概念なのですから。

しかも引力と同じで、たしかに目には見えないけれど、破綻の臨界点が現実に存在していることは、この本をお読みいただいた皆さんは、まちがいなく納得してくださっていることでしょう。

破綻の臨界点の理論を使えば、同じ金貸しからお金を借りた客のうち、多重債務に陥る人と、平気で返せてしまう人が出てくる理由を明確に説明することができます。二人の差は、破綻の臨界点を踏み越えてしまうか踏み越えないかの差なのです。お金を借りる側のうち、ある者たちが、自分の選択によって多重債務者への道を選んでいるのだという点こそが発見なのです。

だからこそ、すべての国民に対して十分な教育を整備しなければならないのです。幼少期から成人に至るまで、継続的な教育が必要なのです。

また、借りる人に対する臨床心理的な「心のカウンセリング体制」が必要です。「法律家のカウンセリング」とはまったく異なる、心に寄り添うカウンセリング体制が求められているのです。

しかし貸金業法の完全施行を今年6月に控えた今、教育内容はお粗末きわまりないままで放置され、カウンセリング体勢も不十分。ほとんどの自治体で皆無に等しい惨状です。このままでは、多重債務とは無関係の500万人の健全債務者まで借りられなくなる6月の津波を乗り切ることはできません。

多重債務問題は、一も二もなく借りる人の「心の問題」です。この点を理解する以外に解決の道はありません。

ただし破綻の臨界点の発見は、天動説を信じていた人たちにとっては、きわめて都合が悪い発見なのかも知れません。

「貸す側に全責任がある」と天動説を唱え続けてきた一部勢力は、日本政府や裁判所までをもコントロールし、貸す側を規制し、ついに貸す側を収奪できるように法律を改変し、その法律が今年6月に施行されるに至ったことを、この本の中で詳細に解明してきました。

「借り手には責任がない」と言った瞬間、借り手へのフォローは置き去りにされます。それこそが現在の日本が置かれている姿なのです。

だけど、百万言を費やして引力の存在を否定しても、決して空中浮遊はできません。借り手に責任がないと言った瞬間に、ほんとうにお金が必要な人を救えなくなってしまうのです。

今年6月。貸金業法が完全施行されてしまいます。借りても大丈夫な人から資金調達の道をムリヤリ取り上げる一方で、借りてはいけない人に貸すことを容認する法律です。貸し手を規制し、貸し手を罰するこの法律。徹頭徹尾、非科学的であり、あたかも呪術のようにすら見える悪法です。

予算はゼロだが対策は打ったと政府は言い訳を並べています。絵に描いたモチならいくつもあるから、どんどん食べて満腹になれと言う政府。これがどれほどの欺瞞《ぎまん》なのか、言うまでもありません。精神力を統一すれば竹槍でB29を撃墜できると言って国民を戦争に駆り立てたのはどこの誰だったのか、忘れたわけではないですよね。

責任転嫁するだけでは問題は解決しないのです。真実を見据えなければ何一つ前には進まないのです。

ニュートンが引力を作ったわけではありません。ニュートンは引力を発見したに過ぎません。

人類が誕生するよりもずっと前から、リンゴの実は落下し続けていたのです。それと同じで、人類がお金を使い始め、お金の貸し借りを始めた瞬間から、破綻の臨界点もまた、そこに存在し続けていたのです。

またもや愚かな過ちを繰り返したあとでないと、この国は一つも変われないというのなら、なんという情けない国なのでしょうか。

感謝のことば

この本は、ほんとうに多くの皆さんからの暖かい支援を抜きにしては、決して世の中に出ることはありませんでした。

テーマがテーマであるだけに、取材にお応えくださった皆さんのお名前を載せることができないことが心苦しいのですが、快く応じてくださった多くの皆さんには、心から感謝をしております。

著者のわがままに極限まで応えてくださった講談社の丸山勝也さん。徹底的に原典まで調べ尽くして下さった校閲部の皆さん。イラストの極楽まさこさんや図版のアトリエ・プランの皆さんにも、メチャクチャなスケジュールの中、よく頑張っていただきました。

感謝しても感謝し尽くせない思いがしています。

ほんとうに、ほんとうに、ありがとうございました。

関係ないですが
こんど小学生になる
ムスメに「60円ちょうだい」と
言ったら
60円玉がないよ
と答えました
何から教えれば……

本文イラスト―極楽まさこ
本文図表制作―アトリエ・プラン

著者略歴

水澤 潤（みずさわ・じゅん）

1984年東京大学工学部卒業後、講談社に勤務。

週刊モーニング編集部在籍中に漫画家青木雄二氏を発掘し、『ナニワ金融道』を作る。

1995年に独立後は原作契約を締結し、同作品の第17巻までの原作を手がける。

主な著書に『超円高社会　日本が変わる』（講談社）、『花のタネは真夏に蒔くな』（文春文庫）、

『闘う楽しむマンション管理』（文春新書）ほか多数。

2010年《ねん》6の月《つき》、500万《まん》人《にん》が夜《よ》逃《に》げする

2010年4月30日　第1刷発行

著　者――水澤 潤《みずさわじゅん》
発行者――持田克己
発行所――株式会社 講談社
〒112－8001
東京都文京区音羽2－12－21
電話――編集部　03－5395－3438
販売部　03－5395－4415
業務部　03－5395－3613
印刷所――凸版印刷株式会社
製本所――牧製本印刷株式会社

　ISBN978-4-06-216237-1